LA VOLUPTÉ DES NEIGES

VLADIMIR FÉDOROVSKI

LA VOLUPTÉ DES NEIGES

Les grandes amoureuses russes

ALBIN MICHEL

« Les vraies histoires d'amour commencent toujours après quarante ans. »

Catherine II

Prologue

CE LIVRE m'a « choisi » il y a vingt-cinq ans. J'étais au terme de vingt ans de carrière diplomatique et politique en Russie et je caressais de plus en plus souvent le rêve de mon propre père : me poser et m'asseoir à la terrasse des Deux Magots, au cœur de Saint-Germain-des-Prés, pour écrire. J'avais envie de grands romans enfiévrés par cette passion que suscite chez moi l'évocation des vastes espaces de ma Russie, les neiges et les fleuves, les vastes ciels remplis de cigognes et la musique des balalaïkas qui m'étreint toujours au plus profond de moi-même. Je désirais me mettre à la page, en quelque sorte, mais depuis la France ! Il y a deux sortes de pays, la terre maternelle qu'on emporte toujours avec soi, et le pays d'élection, qui vous emporte. Ce pays-là, pour moi, c'est la France.

Depuis la France, il me semblait que je verrais avec plus de netteté les grandes figures de la Russie éternelle qui ont fait mon histoire et constituent celle de mon pays : Tolstoï, Raspoutine, le tsar Alexandre. Ce désir, cette passion, j'ai fini par les réaliser. J'ai écrit mes livres et j'en ai consacré beaucoup à ces personnages. Mais il restait quelque chose d'eux qui échappait à leur simple biographie, quelque chose de plus fort qu'eux, d'éminemment russe, et qui les dépassait : leurs histoires d'amour. Au cours de tous mes voyages qui m'ont fait parcourir le monde entier, mes meilleurs compagnons, mes plus fidèles compagnons, ce furent… leurs histoires d'amour.

C'est qu'elles ne meurent jamais. Elles restent plus vivantes que les personnages qui les ont portées et elles font vibrer l'âme russe. Est-ce à cause « de la volupté des neiges de Saint-Pétersbourg », comme l'expliquait la grande Catherine de Russie ? Car quel pays est plus riche de ces passions que la Russie ?

Et puis un jour, j'ai pris ma décision*. Finies, la politique et la diplomatie ! Je me suis envolé pour Moscou afin d'en informer mes amis, et parmi eux, tout spécialement, Alexandre Nikolaïevitch Iakovlev, le compagnon d'idées de Gorbatchev, l'inspirateur de la *perestroïka*, avec qui j'ai partagé tant de combats au moment de la chute du communisme ! Dans l'avion, j'étais à la fois excité et pensif. Très impatient de retrouver les palais magnifiques de Saint-Pétersbourg, de voir les ruisseaux des plaines russes devenir des rivières qui traverseraient les gorges rocheuses avant de s'apaiser en arrivant vers l'estuaire.

* Après avoir été le porte-parole d'un des premiers partis démocratiques russes, j'ai renoncé à la diplomatie et à une carrière politique par dégoût de l'ambiance et de la corruption omniprésente durant les années Eltsine.

Pour l'heure, mon avion survolait des paysages bien plus rudes, marqués par le récent passé soviétique et qui me rappelaient combien la géographie est essentielle pour comprendre ce pays… La terre ? De larges dominos vert-noir et blanc-gris. Des forêts et des essarts où tantôt une couleur l'emporte, et tantôt une autre. L'abondance de pièces d'eau – lacs, étangs – comme des miroirs d'étain éclatants et mats, comme s'ils étaient gelés. Les routes, vues de haut, un réseau net, dense, complexe, bien entretenu, composé de voies et de chemins qui serpentent, virevoltent entre champs et bois, découpent le paysage, le réduisent en un puzzle aux figures exactement emboîtées et qui ne s'interconnectent pas toujours. La vérité de la Russie, c'est bien la forêt – ou le défrichement, ce qui revient au même.

Par le hublot, je regardais défiler, au travers des nuages qui n'étaient plus maintenant que de petites boules de laine, alignées en longues théories parallèles nord-sud, les grappes d'habitations perlées le long des routes, à la façon des nervures d'une feuille d'arbre, comme en arborescence. Ici, l'homme n'est pas le fond de ce paysage bleu-vert, liquoreux. Une pareille terre, sous le froid du ciel du Nord, éveille immanquablement le sentiment de l'inanité de la vie. Quelle vie ici ? me suis-je demandé à l'époque. Il m'a alors semblé que l'âme de ce pays avait été déchirée à la fois par la géographie, le climat et l'histoire, si contradictoires et incertains. En Russie, le pouvoir, souvent autoritaire, a toujours été perçu comme une idole écrasante et dominatrice. Et le double phénomène de la chute du communisme et de la fin de l'Empire, s'il n'a pas signé la fin de cette histoire – loin de là ! – a provoqué un sentiment de vide, d'angoisse et de désarroi.

Quant à la géographie et au climat, dans ces vastes plaines tantôt nues, tantôt couvertes de forêts, ils rappellent à l'homme qu'ils écrasent combien il est minuscule et démuni dans cette nature qui lui est rarement généreuse. Je contemplais ce mélange d'immensité et de rudesse infinie, et je me disais que rien ne pouvait plus incliner l'âme à la mélancolie, à la méditation intérieure, souvent au mysticisme et toujours... à l'amour absolu.

*

J'avais pris rendez-vous avec Iakovlev dans le hall du mythique hôtel Metropol. Dès qu'on pénètre dans cet établissement, on bascule dans un autre temps. Un grand escalier de marbre s'élève avec la puissance d'un empire. Comme autrefois, le brouhaha du hall est rythmé par l'ébranlement du double ascenseur en bois de teck, magistralement restauré. Toute la magie de cet ensemble de baroque, de néoclassique et de style Louis XIV, construit en 1899 et inauguré en 1901 par le célèbre mécène Savva Mamontov, a heureusement revu le jour.

C'est aussi un lieu hanté de fantômes, et l'histoire m'a saisi à la gorge. Ici, les contre-révolutionnaires s'étaient retrouvés lors du soulèvement d'octobre 1917. Ils s'étaient enfermés dans l'hôtel pour soutenir un siège contre les bolcheviques, qui finirent par les expulser. Leur leader Lénine y établit aussitôt son quartier général et c'est d'un de ces balcons qu'il haranguait la foule. Puis le Metropol fut annexé aux bâtiments administratifs et transformé en ministère des Affaires étrangères pendant quelques années. En 1925, nationalisé par les Soviétiques, truffé de micros, il était rendu aux touristes et aux journalistes.

Stalinisme oblige : la décoration fut alors refaite à la gloire du bolchevisme. On recouvrit les plafonds et les murs de chromos réalistes-socialistes qui chantaient les grandes victoires des travailleurs. Mais faute d'entretien, très vite, l'hôtel finit par se tasser sur lui-même pour devenir un hall de gare incolore, inodore et sans saveur. En 1986, il était au bord de l'écroulement. Et puis, fort heureusement, *perestroïka* oblige, des fonds allemands et finlandais purent être collectés pour le sauver. Fermé par le Kremlin, il fut enfin consolidé, et son intérieur reconstruit de fond en comble : un tiers des chambres du Metropol n'avaient pas de salle de bains ! Les plafonds de verre encroûtés sous une couche de nicotine ont dû être grattés centimètre après centimètre, pièce après pièce. Et on a retrouvé toutes les étonnantes décorations, dans leur splendeur originelle, et avec les fresques, les céramiques, les mosaïques, on a remis au jour les lampadaires, les fontaines et les statues. Aujourd'hui, les suites du Metropol sont meublées avec des répliques du mobilier exposé au musée de l'Ermitage à Saint-Pétersbourg : secrétaires de noyer du XVIIIe, horloges, tables et fauteuils en bois d'if : la Russie socialiste accueille à nouveau la Russie des tsars. Pour qui apprécie les ruses éternelles de la raison historique, une visite de ce lieu est une jubilation, et tout autant un symbole de l'évolution de ce pays, qui a travaillé pour que ressuscite la magie de la Russie éternelle, entre les coupoles de Saint-Basile et les poupées de la rue Arbat piétonnière, entre le Bolchoï et le parc Gorki...

*

Le cours de mes pensées fut interrompu par l'arrivée de Iakovlev. Il s'avançait vers moi, l'allure dégagée malgré sa stature imposante, avec cette légère claudication qui le rendait reconnaissable de loin et lui avait valu le sobriquet, de la part des diplomates français, de « diable boiteux », comme autrefois Talleyrand. Il avait contracté cette boiterie à la suite d'une blessure lors du siège de Leningrad par les armées allemandes, qu'il avait défendue comme officier des fusiliers marins. Le siège avait duré vingt-neuf interminables mois et fait près d'un million huit cent mille morts, dont la moitié étaient des civils. C'était en 1943. Il avait dix-neuf ans. Il fut démobilisé et poursuivit le parcours des hommes de sa génération dans ce moment particulier de notre histoire. Il entra au département de l'Idéologie et de la Propagande après des études d'histoire et un an à l'université de Columbia, aux États-Unis, mais déjà, ses idées ouvertes lui valurent les soupçons du Parti. On jugeait ses positions trop hétérodoxes. Cependant, comme il était brillant, on estima qu'il serait un excellent représentant du régime et il fut envoyé comme ambassadeur au Canada. C'est d'ailleurs là, en 1983, qu'au cours de la visite de Mikhaïl Gorbatchev, il lui fit part de son sentiment sur l'urgence des réformes à entreprendre, radicales de préférence, pour sauver ce qui pouvait encore l'être de l'Union soviétique. Convaincu, «hypnotisé» avaient raillé ses ennemis, Gorbatchev l'avait rappelé à Moscou comme numéro deux officieux du régime, et lui avait confié le département de l'Idéologie et donc, de la déclassification des archives.

Nous nous saluâmes chaleureusement. Il n'avait pas changé. Et comme d'habitude, je fus frappé par son visage empreint à la fois d'importance et de bonhomie, et surtout par son regard étrange, presque sauvage, assez foncé, plutôt vert, qui semblait vous fouiller l'âme au plus profond.

Les communistes de la ligne dure ont souvent traité Iakovlev de «messager du mal». N'est-ce pas, par antithèse, le plus bel hommage qu'on puisse rendre à l'envoyé du bien ? J'ai une grande admiration pour cette personnalité hors du commun, qui fut un véritable inspirateur de la chute du communisme ! Il n'a jamais été l'«homme de l'ombre» auquel on a voulu le réduire. Ce qualificatif conviendrait plutôt à ses adversaires du KGB, cette armée des ténèbres qui tétanisa le pays. Je le comparerais volontiers, en revanche, à un de ces *starets*, ces vieux sages de l'orthodoxie en quête de spiritualité absolue, qui vivaient en marge de la hiérarchie ecclésiastique et que Dostoïevski décrivait comme «ceux qui prennent la volonté d'autrui entre leurs mains et les guident vers la lumière». Quoi qu'en disent ses ennemis, l'une des conséquences majeures et incontestables de l'action de Iakovlev fut d'apporter au pays une parole de liberté.

Heureux de nous retrouver, nous sortîmes de l'hôtel en bavardant. Nos pas nous menèrent jusqu'à l'un des monuments les plus pittoresques du vieux Moscou : une sorte de portail monumental à deux arches, surmonté d'une double tour carrée qui, elle-même, s'achevait par deux flèches pyramidales. Conçu à l'origine comme l'une des entrées de Kitaïgorod, le quartier des marchands chinois, ce monument avait acquis un caractère sacré lorsqu'en 1680 on lui adjoignit une petite chapelle destinée à abriter la copie d'une icône miraculeuse du Mont Athos : la Vierge des Ibères ou d'Ibérie. Qu'on se rendît de Kitaïgorod au Kremlin, ou du Kremlin à Kitaïgorod, hiver comme été, en traîneau ou en calèche, on était contraint de passer sous l'une ou l'autre de ces voûtes et le lieu devint celui d'une haute activité sociale. Il avait la réputation de porter chance. Les amis ou les parents s'y croisaient. Les nouvelles, bonnes ou mauvaises, s'y propageaient. Tant et tant qu'en 1931, sous prétexte que le portail gênait la circulation automobile, Staline fit abattre le monument et avec lui, la chapelle. L'icône fut transférée à l'église de la Résurrection, dans la banlieue de la capitale. Pour autant, la population n'oubliait pas ce que symbolisait ce lieu, ni la Vierge des Ibères. On l'évoquait avec nostalgie, comme le symbole d'une douceur de conversations et de rencontres, du temps où la parole était libre. Dès les années 1960, quand on commença à reparler un peu plus librement, des historiens et des journalistes publièrent des études sur ce que la ville était avant la Révolution. On fit des recherches sur la structure de ses anciens quartiers et lorsqu'on signalait des hauts lieux évanouis, les endroits dont les Moscovites gardaient la plus grande nostalgie, c'était la Porte qui était la plus fréquemment évoquée.

Aussi, après la chute du régime communiste, il fut évident pour tous que sa reconstruction était indispensable et nécessaire. Et c'est à l'initiative de Iakovlev que l'opération fut menée et son remplacement, à l'identique, opéré entre 1993 et 1995. À l'identique absolument : en 1931, les urbanistes avaient pris soin de réaliser une maquette extrêmement rigoureuse du bâtiment. Si je me souviens aussi précisément de cette promenade, vingt-cinq ans plus tard, c'est que, selon la plus ancienne des traditions russes, c'est sous cette porte que m'a été offerte l'idée de ce livre. Je venais d'annoncer à Iakovlev ma décision de renoncer à ma carrière pour me consacrer à l'écriture.

– Quel genre de livres ? m'a-t-il demandé aussitôt.

Je n'avais encore qu'une vague idée, mais elle tournait autour de biographies et des grands moments de l'histoire russe. Son visage s'est immédiatement éclairé et il m'a dit :

– Excellent ! J'aurai peut-être une très bonne surprise pour toi…

Et il m'invita derechef à aller prendre un verre chez lui.

*

Il habitait un immeuble de style soviétique édifié dans les années 1970. C'était un appartement cossu, nanti d'interminables rayonnages de livres écrits en russe et en anglais. Il me fit entrer dans une pièce claire, qui donnait sur un jardin. Mme Iakovlev, qui dut être une fort jolie femme, nous proposa d'une voix chantante un thé ambré accompagné de gâteaux. Sur la table basse, elle disposa aussitôt des coupes de porcelaine emplies de bonbons, de petits chocolats et de quelques-uns de ces fameux zakouskis – les hors-d'œuvre moscovites que nous préférions : langues d'élan et de renne, accompagnées d'anchois et de bœuf fumé. Ce patriarche de la politique de la libéralisation et moi-même nous retrouvions toujours dans ce salon dont les fenêtres étaient embrassées de rideaux de soie verte. Rompant très vite avec le ton habituellement persifleur de nos conversations, Iakovlev me déclara avec solennité :

– Je dois te parler d'une très triste histoire... Une histoire qui ne cesse pas de me chagriner. Celle des archives restées longtemps au secret à l'époque soviétique. On pourrait même parler d'histoire des « archives filantes »... qui s'est d'ailleurs révélée être en quelque sorte l'histoire de l'âme ce pays.

Son ton était devenu si grave qu'il ne nous vint pas à l'esprit de plaisanter. Sa femme et moi, nous nous tûmes tandis qu'il sirotait une gorgée de thé. Enfin, il reprit son étrange confession :

– Lorsque j'ai été en poste au Kremlin, j'ai passé beaucoup de temps à exhumer les archives classées « secrètes ». J'ai constitué un dossier avec ces vieux papiers enterrés pendant trop longtemps par les Soviétiques. Je pense qu'ils feront une excellente base pour tes futurs livres. Je te les confie maintenant parce que je suis vieux, et heureux à l'idée d'entrer bientôt dans le Royaume éternel de Dieu. Je sais que tu en feras bon usage. Quand tu écriras, n'oublie jamais la beauté des paysages de ce pays, mais fais en sorte que cette image ne se fige pas en toi, qu'elle ne devienne pas semblable à un tableau dans un musée. Notre pays a été construit par des générations successives d'hommes et de femmes, il est composé de vieilles pierres, d'églises, de palais et de tant de vies ! Les parfums des chemins d'antan et l'odeur des vieux papiers accompagnent le regard de nos ancêtres !

Il se leva, disparut un instant dans son bureau. J'étais abasourdi. Presque tremblant. Je ne sus quoi dire pendant son absence et je regardai sa femme avec un sourire poli, et presque timide. Puis il revint, les mains encombrées d'un carton.

J'y jetai un coup d'œil rapide. Il y avait là le dossier consternant du Comité central à propos des intellectuels persécutés, notamment Boulgakov, l'auteur d'un des chefs-d'œuvre du XXe siècle – *Le Maître et Marguerite*. J'aperçus encore des papiers concernant l'affaire de Pasternak et son œuvre emblématique, *Le Docteur Jivago*, mais aussi des documents sur des périodes plus anciennes, comme la copie de l'ensemble des lettres érotiques de l'impératrice Catherine II, dont certaines, m'assura Iakovlev, étaient totalement inédites. Il y avait encore une retranscription du journal de

Mme Hanska, la muse de Balzac, et, ce qui me fit trembler d'émotion, le journal intime de la muse de Dostoïevski.

– Tu vas écrire en France, et vois-tu, l'idée me plaît beaucoup, me dit-il, pour couper court à mes remerciements. Il y a des relations tellement étroites entre ces deux pays ! Des liens tellement forts entre nos grands écrivains ! Regarde Balzac qui rayonne en Russie. Il est devenu une partie intégrante de la littérature russe parce qu'il voit grand, qu'il bâtit solide, comme Tolstoï. Il manifeste la même tendance que lui à la démesure, le même goût pour le roman historique, la même vision réaliste et mouvementée de la société, la même connaissance des caractères avec plus de précision peut-être chez le Français, et plus de connaissance de la femme chez le Russe. Par certains autres aspects, Balzac peut ressembler à Pouchkine quand il écrit *Les Chouans*, au Gogol des *Âmes mortes* quand il se lance dans *Le Médecin de campagne* ou *Le Curé de village*, à Lermontov lorsqu'il écrit : « La promenade, c'est la gastronomie de l'œil. » Balzac est russe d'adoption par la connaissance de l'immensité, de l'intensité, et le goût des vastes formats. Mais il l'est plus encore par la méthode.

Il s'interrompit pour se désaltérer avant de reprendre :

– C'est Balzac qui le dit : « Le créateur ne s'est servi que d'un seul et même patron pour tous les êtres organisés. » Eh bien, il avait raison ! Un seul patron pour le Raskolnikov de Dostoïevski et le Rastignac de Balzac ! Un seul amour pour Eugénie Grandet et pour Anna Karénine : et c'est un amour absolu ! Le même mépris teinté de tendresse pour la princesse Hélène de *Guerre et Paix* et Delphine de Nucingen !

Toutes les deux sont des femmes légères et sans cœur. Belles, cruelles, avides, froides pour les autres, brûlantes d'elles-mêmes ! Mais aussi, même innocence et même douceur chez Natacha Rostova et Victorine Taillefer. Ah, Balzac, mon ami ! C'est presque un auteur national !

Il se leva brusquement pour tapoter les dossiers qu'il m'avait remis :

– Il y a un dénominateur commun à toutes ces archives. Elles évoquent toutes le sens de la vie des personnages qu'elles concernent. Chacun à sa façon, ils poursuivirent le même but : la recherche de l'amour absolu. Écoute cela !

Alors, il saisit au hasard l'une des lettres du premier dossier. C'était une missive de Catherine II qu'elle avait adressée à son favori Potemkine. Il la brandit et lut, d'une voix lente et grave :

– « Les plus belles histoires d'amour arrivent toujours après quarante ans ! » Écris, Vladimir, écris !

*

Ce livre, qui suit la trame des archives que m'a confiées ce jour-là Alexandre Nikolaïevitch Iakovlev, entre deux tasses de thé et tandis que le soir tombait sur Moscou, je viens enfin de l'écrire. Il est bien évidemment dédié à sa mémoire.

Catherine II ou l'art d'aimer

CE N'EST QUE VINGT-CINQ ANS plus tard que je me décidai enfin à utiliser ces documents, et mes mains tremblaient un peu lorsqu'elles ouvrirent le dossier que m'avait remis Alexandre Nikolaïevitch. J'étalai sur mon bureau les photocopies des lettres de Catherine II à son amant, Grigori Alexandrovitch Potemkine, qui avaient été gardées tellement longtemps au secret, dans un obscur couloir des archives interdites, à Moscou. Des lettres ? Il s'agissait plutôt de « petits mots » écrits dans un mélange de russe et de français, plus ou moins longs, d'une grande écriture un peu fantasque. Le désordre de la graphie et la brièveté de leur contenu trahissaient l'émoi ou l'urgence dans lesquels Catherine avait dû les rédiger, sous la seule impulsion du besoin amoureux. Je songeai qu'aujourd'hui une femme passionnée comme elle l'était aurait utilisé son téléphone ou des SMS pour faire ses déclarations. Parfois, lorsque la passion se mêlait aux affaires d'État, Catherine réservait le français à l'amour, et consacrait le russe au pouvoir. Je fus étonné du nombre important de ces missives. Ainsi, quoique son favori eût vécu dans un appartement au-dessous des siens, la tsarine ne pouvait s'empêcher d'entrer en contact avec lui tout au long de la journée.

Lentement, je reconstituai ce puzzle amoureux en déchiffrant les lettres. J'étais impressionné par la variété du ton et des humeurs, et par le tumulte de leur passion. Les deux amants se couvraient de petits noms, de sobriquets tendres et de flatteries. Catherine s'adressait à Potemkine avec des « mon âme chérie », « mon cœur », « chéri », « cher esprit », « mon bijou ». Il y avait aussi ces ridicules comparaisons de tourtereaux : « mon faisan doré », « mon pigeon », « bonbon de profession », « mon coq d'or », « très chère colombe », « mon petit perroquet », « petit chien », « petit chat », « tonton », et dix autres encore qui trahissaient sa tendresse et son désir. Elle ne manquait pas davantage d'utiliser les épithètes que la tradition russe accole aux noms affectueux, comme « batushka » ou « papa » et bien sûr, les innombrables diminutifs de Grigori.

Dans ses lettres, Potemkine demeurait plus réservé. Ce n'était pas de la réticence, mais plutôt le respect d'une différence de condition. Il couchait avec une femme qui restait la tsarine et savait, parfois de manière cinglante, rappeler son rang et son pouvoir. Il avait compris le génie politique de cette impératrice qui dominerait l'histoire russe du XVIIIe siècle, et serait sans aucun doute la personnalité la plus marquante des sept souverains de cette époque que les Russes appellent « le siècle des tsarines » – en effet, cinq femmes allaient régner à Saint-Pétersbourg pendant cette période...

Aussi, quand il écrivait à Catherine II, Grigori Potemkine usait délibérément de la tradition russe et abordait la tsarine en souveraine. Plutôt que de l'appeler « Katinka », autrement dit Petite Catherine, comme d'autres amants le feraient plus tard, il disait « matouchka », ou « petite mère » en français, ou encore « souveraine ». Les libertés de langage, Potemkine les réservait aux moments d'intimité.

Dans ses innombrables lettres adressées à ses favoris, écrites de sa propre main, Catherine exposait non seulement sa politique et ses plans, mais elle parlait aussi d'elle-même. Elle expliquait, persuadait, assurait la promotion de ses idées et de sa personne dans un mélange de concision et de cajoleries et ce ton qu'elle usait avec ses amants, elle l'étendra à ses autres correspondants. Son art épistolaire était immense. Personne ne sut mieux faire la publicité de l'État russe et de ses réussites réelles ou feintes, ni mettre à profit les louanges venues de l'étranger pour renforcer son pouvoir dans le pays.

*

On a souvent présenté Catherine II comme « la Messaline du Nord ». Cependant, pas plus les chroniqueurs de son époque que les historiens contemporains ne parviennent à s'entendre sur le nombre de ses favoris, autrement dit de ses amants. Les plus sérieux donnent un chiffre avoisinant la douzaine, ce qui, somme toute, au regard de la moyenne d'une Française d'aujourd'hui si l'on en croit les sondages, reste modeste ! Pour autant, nul ne conteste la fougue du tempérament de l'impératrice, pas même elle. En femme exceptionnelle tout à fait consciente de sa supériorité, elle ne tentera ni de réfréner ni de cacher ses appétits : « Je ne peux tout simplement pas vivre sans amour, et on ne tient pas son cœur dans la main ! » ne cessait-elle de répéter. Elle ne cachait pas davantage ses liaisons, bien au contraire. « Je plaisais, par conséquent, la moitié du chemin de la tentation était fait. Tenter et être tenté sont fort proches l'un de l'autre. » Elle couvrait ses amants de faveurs et de richesses, au grand dam de son fils Paul, privé de l'affection maternelle et des largesses qu'elle octroyait à ses jeunes et fringants favoris, sur la liste desquels rayonne sans conteste le nom de Grigori Potemkine. Bien sûr, certains de ses contemporains furent choqués par sa liberté de comportement, mais que lui importait ? Celle qu'on appelait à l'apogée le son règne « la Sémiramis du Nord », « la sentinelle qu'on ne relève jamais » ou encore, selon Diderot, « l'une des meilleures têtes d'Europe », régnait avec une ambition à la hauteur de sa conscience politique ; deux qualités qu'elle possédait depuis sa jeunesse.

Car en vérité, qui aurait pu prédire l'incroyable destin de cette petite princesse allemande, née le 2 mai 1729, de son vrai nom Sophie Frédérique Augusta d'Anhalt-Zerbst ? Qui aurait pu prophétiser que ce petit poupon rose et joufflu qu'on appelait familièrement *Figchen* monterait un jour sur le trône impérial de la grande Russie ? Rien ne l'y prédestinait, en effet. Ni la situation de Stettin où elle naquit, petite capitale d'une tout aussi petite principauté de la Poméranie prussienne, traversée par la lente rivière Oder et bornée par les horizons indécis d'une immense lagune, ni la situation de sa famille qui avait disparu de la liste des habitués des grandes cours d'Europe. Il y avait bien sûr son extraordinaire vivacité, son appétit de vivre, et l'acuité d'une intelligence célèbre dans la famille de sa mère, Holstein-Gottorp. Son père était le feld-maréchal – gouverneur – de Stettin et, hormis quelques voyages à Berlin et à Hambourg, une visite chez son grand-oncle de Brunswick, la jeune Sophie semblait devoir rester dans sa province de naissance, et ne recevoir que la faible éducation dispensée par ses précepteurs huguenots et sa gouvernante française.

C'était compter sans Élisabeth, fille du tsar Pierre Ier le Grand. À peine était-elle montée sur le trône, le 5 décembre 1741, qu'elle rappelait à ses côtés son neveu, le grand-duc Pierre, le fils de sa sœur Anna Petrovna et de Charles Frédéric, duc de Holstein-Gottorp. Pierre était orphelin, fervent admirateur de Frédéric II et de la Prusse et totalement inculte, mais c'est lui que la tsarine Élisabeth avait choisi pour lui succéder sur le trône et initier une nouvelle lignée de souverains, qui reprendra le nom des Romanov. Pour que son couronnement soit possible, il avait été rebaptisé Pierre Fedorovitch, puis converti à l'orthodoxie le 18 novembre 1742. Pierre Fedorovitch détestait la Russie, où dès son arrivée il contracta la variole, qui lui laissa un visage criblé de cratères ; mais sa tante voulait faire de lui le futur tsar, et le premier d'une nouvelle et longue lignée impériale. Encore fallait-il qu'il se marie. C'est ainsi qu'Élisabeth jeta son dévolu sur cette petite Sophie, une lointaine parente, et qu'en janvier 1744, la jeune princesse, âgée de quinze ans, foulait pour la première fois sa patrie d'adoption qu'elle ne devait plus jamais quitter.

À son tour, Sophie fut elle aussi convertie à la religion orthodoxe, celle du peuple russe, et elle fut rebaptisée Catherine Alexeïevna. Catherine, en souvenir de Catherine Ire, épouse bien-aimée de Pierre le Grand et du peuple russe, et grand-mère de son futur époux... L'année suivante, Catherine Alexeïevna épousait donc le grand-duc Pierre, et elle prit aussitôt son rôle d'impératrice très au sérieux, avec l'ambition qui allait de pair. Elle se mit à apprendre avec avidité les principes de la religion orthodoxe à laquelle elle se montra extrêmement attachée et fidèle. Elle étudia aussi les textes grecs et latins – Tacite surtout – et l'histoire en général qui la fascinait, puis elle lut Machiavel et les philosophes dont toute l'Europe parlait alors, Voltaire et Montesquieu, et ainsi, chaque jour, comme elle l'avouera plus tard, elle nourrissait son « terrible appétit de gloire ».

Très vite, sa fraîcheur et sa joliesse la rendirent très populaire. Le peuple l'aimait, mais surtout la cour et encore plus la Garde impériale, ce corps d'officiers qui savait faire et défaire les couronnes. Elle plaisait par la « russitude » qu'elle affichait clairement : elle adopta les modes, les façons du pays, et s'appliqua à l'étude de la langue. Et puis elle était rieuse et charmante, alors que le prétendant officiel au trône était laid, immature, taciturne et dévoyé. C'est qu'elle était plaisante et suffisamment jolie pour que sa beauté lui survive dans la mémoire de tous. Des années après sa mort, Pouchkine, le plus grand poète russe, en témoignera à son tour : « Même à un âge avancé, on lui donnait une quarantaine d'années. De son visage frais émanait un charme indicible. » On la représentait grande alors qu'elle était plutôt petite, et sublime alors qu'elle n'était que jolie. Elle-même s'amusait de cette emphase : « On a dit, écrivit-elle dans ses *Mémoires*, que j'étais belle comme le jour et d'une stupéfiante tournure. À franchement parler, je ne me suis jamais trouvée extraordinairement jolie, mais je me plaisais, et sans doute fut-ce là ma force. »

De leur côté, ses favoris étaient plutôt attirés par la beauté de ses cheveux, noirs comme l'aile du corbeau, et qui contrastaient avec son teint d'une blancheur éblouissante. Elle avait de longs cils, une bouche qui semblait appeler le baiser et, surtout, une démarche extrêmement leste. Le son de sa voix était agréable, et son rire aussi gai que son humeur, qui la faisait passer avec une facilité égale des jeux les plus folâtres aux plus enfantins. Tout le monde célébrait alors sa « dignité tempérée par la bienveillance, sa beauté et son intelligence ; l'esprit romantique de ses amours », écrit le prince de Ligne.

*

Telle était encore l'impératrice en 1774, alors qu'elle venait de fêter ses quarante-cinq ans. Jusqu'à ce jour, Catherine II avait connu des amours mouvementées. Son mari, qu'elle n'avait pas aimé bien qu'elle eût fait tous les efforts pour sauver son couple, ne fut pas celui qui l'initia au plaisir. On assure même qu'il la laissa vierge pendant huit longues années, empêché par un sérieux phimosis, et que la tsarine Élisabeth, ulcérée de la stérilité de l'alliance, poussa elle-même Catherine dans les bras de son premier amant – qui fut sans doute le père de son fils Paul. C'est ainsi que Catherine commença enfin sa carrière d'authentique amoureuse avec le comte Soltikov, sensuel et libertin, qui lui enseigna les mille façons de moduler sa jouissance. Ensuite, ce fut le tour de Stanislas Auguste Poniatowski, qu'elle fit roi de Pologne, plus délicat et sentimental. Enfin, l'officier de la Garde impériale Grigori Orlov, le régicide intrépide, instigateur du coup d'État de 1762 en sa faveur, régna dix années sur son cœur, sans omettre, mais sans s'y attarder, une passade insignifiante, son aide de camp Vassiltchikov.

On mesure mal aujourd'hui l'extraordinaire audace avec laquelle Catherine afficha sa vie privée, et dès lors sa contribution décisive à la transformation du comportement amoureux des femmes, qui fut la conclusion d'une longue évolution commencée vers la fin du Moyen Âge en Allemagne, qui se perpétua dans le sud de la France, en Espagne puis au nord de l'Italie, avant d'aboutir en Russie au siècle des Lumières. Catherine II a instauré une égalité entre les partenaires du couple, puis elle a assumé ses relations aux yeux de tous. Bien sûr, elle était la souveraine, et un despote, éclairé certes, mais il fallait de l'audace lorsqu'on était une femme pour marcher sur les brisées d'un comte de Cagliostro ou d'un Casanova, convenir que la passion pouvait se jouer hors mariage et revendiquer une sexualité libre sans craindre les foudres de l'Église ni le châtiment éternel.

Elle a fait plus encore, qui était tout à fait inédit. Elle a su instaurer et préserver un « sentiment sensé » avec les meilleurs de ses amants après que la passion s'était éteinte. Ce fut sans doute possible parce que la culture et l'intelligence entraient en grande part dans ce qui la séduisait chez les hommes. Elle inventa aussi ses propres règles, pour ne pas dire un « mode d'emploi » des rapports amoureux en utilisant sa passion comme trait d'union entre l'amour et la politique. Mais au fond, qui contesterait que les fines mécaniques qui régissent les sentiments et les ambitions politiques sont de même nature ? Ainsi sut-elle allier la sagesse à la passion et, au mépris des années qui passaient, vivre chaque rencontre dans la transe du coup de foudre et chaque aventure dans l'embrasement des sens. « L'amour est le seul moyen de modifier le cours de la vie soumis aux aléas de l'histoire », soutenait-elle.

Pour autant, il serait faux de croire qu'elle se jetait à la tête du premier venu sans réfléchir. Elle laissait ses sens embraser ses désirs, mais gardait la tête froide sur les implications de ses aventures. « Il faut toujours s'interroger, et se demander si ce nouvel amour pourrait nous nuire, écrit-elle dans ses *Mémoires*. Avant de céder à toute inclination, je dois m'efforcer de me poser trois questions : Ce nouveau choix est-il heureux ou risqué ? Pourrait-on en faire état sans rougir ? Saura-t-il y répondre ? Se méfier des bavards, des emphatiques, des sanguins et des lunatiques. » Si le lecteur du XXIe siècle s'intéresse tout particulièrement à l'itinéraire sentimental de Catherine II, c'est parce qu'il traduit la réponse personnelle de cette femme au destin exceptionnel lorsqu'elle est confrontée aux situations que chacun peut rencontrer dans sa vie : l'usure du couple, le fléau de l'âge, la dialectique entre l'amour absolu et – utilisons la formule de Catherine II – « un sentiment sensé ». Et c'est ce qui la rend si proche de nous, si merveilleusement humaine et féminine.

*

En cette année 1774, alors qu'elle était âgée de quarante-cinq ans, Catherine affirma qu'elle aimait pour la première fois « au sens le plus profond du mot ». Ce qu'elle avait connu jusque-là avait été un jeu agréable, un délicieux passe-temps dans sa destinée si active, mais rien qui ressemblât à cette fusion des âmes, des corps et des cœurs que tout homme et que toute femme attendent, fussent-ils princes et tsarines. Elle s'était éprise d'hommes d'une belle prestance, mais d'un potentiel intellectuel médiocre comparé au sien et peu à peu, elle avait fini par se lasser d'eux.

C'est avec Grigori Potemkine, « l'homme de sa vie », celui qui allait entrer au-devant de la scène sociale et politique de l'Empire, qu'elle allait partager un bonheur « véritable et profond», et avec lui, les relations d'un couple véritable et fusionnel dans le travail et les soucis, les responsabilités et les joies, les jours de santé et de maladie. Il ne fait aucun doute qu'elle devait rêver de cette rencontre depuis plus d'un quart de siècle, pour ne plus avoir à vivre la solitude psychologique que les dangers de sa vie personnelle et la gestion des affaires du pays rendaient plus aride encore.

Déjà, son mariage avait été un désastre : disgracieux, sournois et vil, Pierre III se conduisait avec une grossièreté ostentatoire avec elle. Il la malmenait, et son impuissance, qu'un coup de bistouri finit par guérir au bout de huit années de tentatives infructueuses, n'améliorait pas leurs relations – pas plus que le retour dans le lit conjugal lorsqu'il fut guéri ne diminua l'aversion profonde de l'impératrice pour son mari. Il se levait la nuit, s'acharnait sur son violon, se recouchait pour se lever encore et s'enivrer aussitôt. Il n'avait qu'un an de plus qu'elle, mais la mentalité d'un enfant capricieux. Il jouait encore à la poupée et s'abrutissait dans des parties de chasse sanglantes et désordonnées. Il torturait les chiens et les chats et obligeait son épouse à assister à ces pratiques sadiques. Enfin, il abhorrait le pays qu'il était appelé à gouverner. Il détestait la religion orthodoxe et ne jurait que par la protestante au point de confisquer les biens du clergé et de piller les trésors de l'Église pour emplir ses caisses personnelles. Son premier oukase fut d'ailleurs d'obliger les popes à se raser la barbe et à se vêtir à la façon des pasteurs protestants.

«Se présenter le matin à la revue en caporal-chef, bien déjeuner, boire un bon vin de Bourgogne, passer la soirée avec ses bouffons et quelques femmes, exécuter les ordres du roi de Prusse, voilà ce qui faisait le bonheur de Pierre III», relatait la princesse Dachkova, célèbre mémorialiste de son temps. Toute l'affection du tsar se focalisait sur son Holstein natal, et toute son admiration était dévolue à l'empereur Frédéric II de Prusse, au point qu'à la mort de la tsarine Élisabeth Ire, le 5 janvier 1762, lorsqu'il devint empereur, il mit fin à la guerre pourtant victorieuse de Sept Ans, alors que Frédéric II de Prusse, encerclé à Berlin par les troupes russes, sur le point de voir ses terres dépecées par ses ennemis, songeait au suicide. À cet instant déterminant dans l'histoire de la Russie, qui entrait enfin dans le groupe des grandes puissances européennes, le tsar Pierre III ordonnait que son armée évacue la Prusse ! Ce fut un choc immense pour toute la Russie et une haute trahison aux yeux de toute l'armée. À la cour, celui qu'on appelait déjà «l'Allemand» attira définitivement sur sa personne la haine générale. Et comme il songeait à répudier Catherine pour faire régner à ses côtés sa maîtresse, Élisabeth Vorontsova, il fut décidé de mettre fin à son règne.

L'impuissant Sénat – dont nul alors n'entendait plus parler – se dressa contre lui, appuyé par l'Église russe, et secondé par l'armée d'autant plus fidèle à Catherine qu'Alexis Orlov, le frère de Grigori Orlov son amant en titre, allait commander aux forces navales russes. Ce fut quitte ou double ! Pierre III avait écarté Catherine de Saint-Pétersbourg et l'avait assignée à demeure dans la résidence de Peterhof avec l'interdiction d'en sortir tant qu'il serait à la tête des forces navales et en campagne contre le Danemark à qui il venait de déclarer la guerre. Catherine savait qu'elle avait tout à craindre pour sa vie et, avec l'aide du ministre Nikita Panine, entourée des frères Orlov, elle décida d'organiser un coup d'État, et de renverser le tsar. On soudoya les officiers du prestigieux régiment de la garde Préobrajenski et ce furent tous ses soldats qui l'escortèrent jusqu'à Saint-Pétersbourg où le peuple, l'armée, la cour et le clergé lui firent un accueil triomphal. Au même moment, à Kronstadt, les forces navales se retournaient contre le tsar qui fut arrêté, enfermé, contraint d'abdiquer et enfin, un mois plus tard, dans la nuit du 17 juillet 1762, assassiné dans des circonstances extrêmement mystérieuses par ses gardiens, menés par Alexis Orlov, sans doute sur ordre de la nouvelle impératrice de toutes les Russies : Catherine II.

Ce fut au cours de cette nuit, et de ce coup d'État, que Catherine remarqua pour la première fois Grigori Potemkine, de dix ans son cadet. Ce jeune homme issu d'une petite noblesse, qui s'était engagé dans la garde à cheval après avoir été exclu de l'université pour paresse, avait alors vingt-deux ans. Il était grand – plus d'un mètre quatre-vingts –, beau, d'une remarquable prestance avec la largeur exceptionnelle de ses épaules, et très séduisant. Il déployait autour de sa tête aux traits virils une chevelure qui lui faisait une crinière de lion. Il avait un visage pâle, long, mince et « singulièrement sensible pour un tel homme » ; ses yeux étaient d'un beau vert ; sa bouche était charnue, lisse et presque rouge, et ses dents fortes et blanches, ce qui était assez rare à l'époque. Il était d'un courage insensé et d'une foi inébranlable en sa bonne étoile. Sa bravoure, son insolente beauté et son esprit incisif – il avait des talents irrésistibles d'imitateur – lui valurent le surnom flatteur d'Alcibiade – le jeune éphèbe qui fit tourner la tête à Socrate. Et toute l'attention de la tsarine qui décida qu'un physique pareil méritait une promotion immédiate : « Il est trop beau pour être sergent, qu'on le fasse lieutenant ! » avait-elle lancé en croisant son regard d'une profondeur « surnaturelle ».

*

Douze ans s'étaient écoulés depuis le coup d'État qui avait permis à Catherine de monter sur le trône de Russie. Elle s'était aussitôt engagée corps et âme dans son grand œuvre politique : la construction d'un empire qui devait dépasser par sa taille ceux de Rome et de Byzance réunis. Après une première phase libérale, son règne à Saint-Pétersbourg commençait d'évoluer vers une politique plus conservatrice, mais toujours soucieuse de l'aura en Europe de la Russie. Pour cela, elle avait attiré sur les bords de la Neva les grands artistes et apportait un soutien éclatant aux philosophes. Cette figure fétiche du siècle des Lumières alla jusqu'à aider financièrement Diderot en lui rachetant sa bibliothèque, qu'elle lui laissa pourtant à disposition tant qu'il vivrait.

Passionnée d'architecture, elle mit ses pas dans ceux de Pierre le Grand pour rendre toujours plus splendide la nouvelle capitale. Aussitôt couronnée, elle avait ordonné la construction de plusieurs des plus beaux édifices de

Saint-Pétersbourg, ainsi ces palais et ces façades de style néo-grec d'où disparurent les ornementations fleuries du baroque alors encore en vogue. L'Italien Rinaldi introduisit le style néo-classique, et le Français Vallin de la Mothe, toute l'élégance du classicisme français.

Mais quel épanouissement personnel répondait à cette fructueuse activité politique ? Était-elle enfin heureuse ? En vérité, elle n'était pas totalement libre. Si elle avait été très attachée à son favori, le comte Grigori Orlov, pour qui elle avait ordonné la construction du palais de marbre à Rinaldi – qui nécessita l'importation de trente-deux marbres de couleurs différentes pour sa seule façade ! –, si elle lui concéda de nombreux postes militaires, des rentes, des cadeaux somptueux, jamais elle ne lui confia de poste politique. C'est qu'elle était liée à lui bien plus que par les deux enfants illégitimes qu'elle conçut de leurs amours, dont le premier, un fils, était né du vivant même de son époux. Elle était liée à lui par le sang de Pierre III, qu'il avait contribué à destituer, et que son frère avait assassiné. Sûr de ce pacte de sang, il affichait sans rougir son autorité sur la tsarine, comme le raconte Bérenger, le chargé d'affaires français à Saint-Pétersbourg : « Plus j'observe de près M. Orlov, plus je crois voir qu'il ne lui manque que le nom d'empereur. Il est d'une aisance avec l'impératrice qui frappe tout le monde et que les Russes disent inconnue dans tous les pays depuis la fondation de la monarchie. Supérieur à toute espèce d'étiquette, il prend publiquement avec sa souveraine des libertés que, dans un monde poli, une maîtresse qui se respecte ne permet point à son amant. » Elle était lasse de l'arrogance d'Orlov et, sans doute, les fièvres amoureuses des débuts avaient-elles considérablement tiédi. Elle se prenait à songer, avec la volonté qui était une des marques de son caractère, au profil du candidat idéal, à qui elle réclamerait en premier lieu l'éclat d'une beauté physique : « Une puissante force masculine, une hardiesse sans limites, et une capacité de rêver aussi bien que de faire rêver. »

C'est alors, à quarante-cinq ans, qu'elle put enfin mettre un nom sur ce portrait idéal. Un nom qui ne lui était pas inconnu, on l'a vu, et qui allait entrer dans les annales de la gloire militaire de la Russie, et tout autant dans l'histoire sentimentale de Saint-Pétersbourg : le général Grigori Potemkine, « favori des favoris » de la grande impératrice. Un nom et une irruption si magistrale dans sa vie que Catherine ne put s'empêcher, dans ses lettres, de relater tous les épisodes de cette rencontre, et l'avancée de leurs relations qui prirent très vite tous les accents de la passion.

*

Par l'une des fenêtres, on voyait s'étendre au loin l'immense tableau bleuté de la Neva enneigée, et par l'autre, plus à gauche, une partie du palais d'Hiver – le principal palais de l'Empire des tsars, chef-d'œuvre de l'architecte italien Rastrelli. Grâce à ce jeune homme arrivé à Saint-Pétersbourg à l'âge de seize ans, accompagné de son père sculpteur, ingénieur et architecte, devenu plus tard le principal maître d'œuvre de l'impératrice, Saint-Pétersbourg allait offrir à la mer pailletée d'or le brasier de son coucher de soleil, dans un chatoiement de vert amande, de rose tendre, de bleu ciel et de jaune, toutes couleurs que l'on reconnaît au génial architecte. En face, toutes blanches et si proches qu'on avait l'impression de pouvoir les toucher en tendant la main, se dressaient deux églises dont les dômes dorés reflétaient les ombres bleuâtres des choucas qui ne cessaient de tournoyer autour de leurs flèches. « Quelle ville étrange ! » écrivit le général Potemkine depuis la chambre qu'il occupait, incapable de s'arracher à la vue dont il jouissait de ses fenêtres. Il songeait au mélange des vies et des œuvres, au nom des grands aristocrates et à celui des palais qui s'entremêlaient, à l'immensité des perspectives qui donnaient à entrevoir l'infinitude des steppes et des plaines. Comme le caractère même du jeune officier, et comme ses ambitions, il semblait que la ville, inimitable, inimitée et singulière, ne connaissait pas de limites. Et il est vrai qu'aujourd'hui encore elle ne ressemble à aucun style, ni au gothique flamboyant d'Europe ni à la tradition byzantine. Mais, plus que le reflet des caprices de ses architectes, ce jeu de contrastes, de couleurs et de lumière n'est-il pas tout simplement l'expression de l'âme fantaisiste de Saint-Pétersbourg et de ses métamorphoses au fil des drames de son histoire ? N'est-elle pas exactement à la ressemblance de la formule laconique dont Catherine fit sa devise : « Faire face… » ?

Et tandis que Potemkine embrassait la ville de son beau regard, qui ne tarderait pas à faire vaciller sa souveraine,

Catherine II écrivait : « L'amour, comme la guerre, est affaire de courage. Ce ne sont pas les pusillanimes qui font les bons soldats. À cet égard, veiller à ne pas traiter semblablement le novice et le vétéran. Demander à chacun ce qu'il peut donner. Préférer les éternels inquiets. Ce sont les seuls capables des élans du cœur. Quitte à prendre un amant jeune, à tout le moins, le former. Mieux, être pour lui la révélation, l'incarnation même de la féminité. Faire le premier pas sans hésiter, surtout si l'on se trouve dans une position plus élevée que la sienne. Accepter d'un jeune amant qu'il regarde en vous une mère, mais le rejeter sans tarder s'il commençait à vous envisager en sœur. Un feu brûle haut et clair s'il est entretenu d'une main avisée… »

*

À l'approche du nouvel an russe, Catherine et son service du protocole avaient lancé les invitations pour le traditionnel bal masqué. Depuis son accession au trône, elle veillait à ce que cette fête soit la plus éclatante, la plus fastueuse, la plus éblouissante possible, et ce millésime 1774 promettait de dépasser tous les précédents en lustre et en extravagance. Au cœur du rude hiver russe, ne convenait-il pas de conjurer les forces hostiles de la nature par le plaisir, la grâce et la lumière ? L'éclat de la fête ne chassait-il pas, le temps d'une nuit, le froid, les ténèbres et la glace ? N'était-ce pas alors la plus somptueuse invitation à profiter – selon la formule même de la grande impératrice – de « la volupté des neiges » ?

En cette année 1774, le jeune général Grigori Potemkine qui avait trente-cinq ans avait été invité à l'exceptionnelle réception. Il avait perdu l'habitude de ce luxe et de ce raffinement sur les champs de bataille, et particulièrement sur ceux de la guerre contre les Turcs de 1769 où il avait gagné avec panache ses galons. C'est que la guerre avec la Turquie s'était prolongée ; les paysans affamés en avaient profité pour se révolter un peu partout ; le peuple s'était soulevé et les Cosaques s'étaient insurgés. Une première insurrection paysanne avait éclaté en 1771 et mis Saint-Pétersbourg en danger. Deux ans plus tard, Pougatchev, un déserteur devenu aventurier et chef de guerre cosaque qui se faisait passer pour Pierre III, avait pris la tête d'un gigantesque soulèvement paysan. Parti du nord de la mer Caspienne, il avait couvert un immense territoire et s'était emparé de plusieurs cités importantes. Dans ce tumulte général, qu'aggravaient encore les intrigues à la cour, une personnalité courageuse et solaire comme celle de Potemkine était promise à un bel avenir, et d'ailleurs, il avait fait une carrière brillante, devenant major-général puis, enfin, lieutenant-général, jusqu'à être nommé chambellan et, dès lors, se voir gratifié d'entrées privilégiées à la cour.

Ce soir-là, emmitouflé dans les épaisses fourrures de son cabriolet, il contemplait pensivement les façades dressées contre la nuit de Saint-Pétersbourg. La troïka glissait sur la chaussée presque sans bruit. Le son des grelots était assourdi par la neige qui depuis de longs mois ensevelissait la cité et lui imposait sa loi. Il ignorait encore que cette nuit allait sceller son destin et pour l'heure, il ne misait pas cher sur ses chances de promotion.

Potemkine était insolent et joyeux et il n'avait jamais pu s'empêcher, chaque fois qu'il était de passage à la cour, de lancer de bons mots et de se livrer à l'imitation des personnalités les plus en vue, pour la plus grande joie de son entourage, et celle de la tsarine lorsqu'elle était annoncée dans les parages. Aussi, les frères Orlov, qui l'avaient récompensé et protégé pour sa fidélité et son engagement à la suite de la nuit du putsch, avaient-ils fini par s'agacer de son insolence et de ses succès. Grigori Orlov n'avait pas manqué de remarquer l'intérêt que lui portait Catherine, ses sourires et ses encouragements. Très vite, l'agacement du favori en place s'était commué en violente jalousie. Avec son frère Alexis, Orlov avait cherché tous les moyens pour l'évincer, du moins pour l'écarter de la cour de Saint-Pétersbourg. Il y était presque parvenu. Lors d'une partie de billard, Alexis Orlov et ses sbires étaient venus lui chercher querelle. Le coup que Potemkine avait reçu au cours de l'échauffourée avait mal tourné : la plaie s'était envenimée. Potemkine, mal soigné, avait fini par perdre l'œil gauche. Certain d'être défiguré, il avait quitté la capitale et il était resté reclus dans une lointaine province, jusqu'à ce que le protocole le rappelle à la cour, pour le fameux bal de la nouvelle année.

Et c'est ainsi que l'humeur sombre, prêt à subir les pires assauts et les machinations des frères Orlov, Potemkine, le beau borgne, dont Catherine n'avait pas oublié le profil « à la douceur des lignes d'une colombe », et que les Orlov appelaient désormais « le Cyclope », glissait vers son destin.

*

Au fur et à mesure que Potemkine approchait du palais d'Hiver, l'appel de la fête semblait peupler les rues de groupes joyeux et d'équipages, tels qu'il les rencontrait souvent les rares jours de soleil, lorsqu'il accompagnait ses amis dans leurs courses en ville ou leurs promenades en traîneau. Les plus beaux équipages se donnaient rendez-vous. D'une file à l'autre, des gens se reconnaissaient, se saluaient, échangeaient un cri, un signe de la main au passage. Les voitures de maître étaient attelées de trotteurs nerveux et conduites par des cochers énormes, aux houppelandes bleues ou vertes. Mais il y avait là aussi d'humbles traîneaux de louage, des calèches montées sur patins, de petites caisses emportées à vive allure par un cheval à la crinière de flammes noires.

Ce soir, le vent sifflait aux oreilles de Potemkine. Les yeux mouillés, le nez gelé, les pieds au chaud dans une chancelière de peau d'ours, une pelisse de velours doublée de zibeline le protégeant jusqu'au menton, il lui sembla que toute cette joie était contagieuse. Morbleu ! Après tout, que craignait-il ? Il avait trente-cinq ans, il était dans la fleur de l'âge, et plus il approchait du palais d'Hiver, plus il se sentait envahi

– comme il l'écrirait plus tard à Catherine II – par sa fameuse «joie de la vie» héritée de son père.

Comment ne pas participer au mouvement d'allégresse général ? Les troïkas cherchaient à se dépasser dans le tintement enchanté des clochettes. Les cochers se tenaient raides sur leur siège, les bras tendus, une éponge de neige en guise de barbe. Ils donnaient de la voix pour encourager leurs bêtes. Potemkine n'ignorait rien de la façon dont se conduisait un pareil attelage et pourtant, en cavalier aguerri, il ne pouvait s'arracher au spectacle qu'offraient toujours leurs déplacements. Bien qu'alignés de front, les trois chevaux des troïkas couraient toujours avec un style différent des autres. Celui du milieu était seul engagé dans des brancards. Un arc en bois surmontait son encolure. Tenu par deux guides, il était l'élément actif, pondéré, sérieux, de l'association. Son rôle était de trotter droit devant lui, la tête haute, alors que ses deux coéquipiers devaient galoper à ses côtés, d'une manière libre et fougueuse, la tête tournée en dehors, la bouche soufflant sur la neige. Le cocher ne les dirigeait que par une rêne extérieure et une simple courroie les rattachait au collier du limonier. Ainsi, les trois chevaux, avec leurs harnais d'argent, leurs robes fumantes et leurs parures de clochettes, s'ouvraient en éventail devant la masse légère du traîneau et c'était merveille que de voir ce triangle animal se tailler une voie dans les masses de neige et le flot des autres véhicules.

Un autre élément avait contribué à la dissipation de sa mélancolie : l'excitation de l'arrivée au bal. Dans ses lettres, il avait souvent confié combien il aimait, à cet instant précis, regarder les femmes se dévêtir de leur manteau et voir alors émerger de la masse de soie et de velours, des zibelines et des taffetas, les épaules nues, puis, au fur et à mesure que le vêtement abandonnait leur corps, le V de chair que formait leur dos jusqu'à la taille. Il y avait longtemps qu'il avait compris l'effet que sa beauté opérait sur elles, et plus encore celui de son regard quand il plongeait dans le leur. Il savait combien elles frissonnaient à la vue de son visage énergique, de sa bouche sensible, de ses yeux si slaves et de ses épaisses boucles brunes. Pour autant, il ne s'était jamais permis de répondre aux invitations de débauche que beaucoup de femmes, et toute l'atmosphère de Saint-Pétersbourg, proposaient aux jeunes cavaliers, la nuit comme le jour. Il frémissait aux promesses tacites de frivolité, de sensualité. Il caressait l'idée de répondre à toutes ces femmes et de les laisser jouer avec lui, et de leur répondre avec la plus grande indolence et la plus sauvage lascivité, mais quelque chose en lui, de bien plus fort, le lui interdisait formellement. Tout d'abord parce qu'il avait eu l'occasion de constater qu'en leur présence, ou dans les joutes amoureuses, il perdait les qualités dont il était si fier – son courage, sa fermeté, son bon sens, son sens de l'équité. Ensuite parce qu'au plus profond de son cœur il était resté le dévot qui dans sa jeunesse avait envisagé des études de théologie. Et lorsqu'il rêvait de femme, c'était dans l'image d'un idéal magnifique, inatteignable : il voulait une Ève, une Hélène, une Laure ou une Béatrice… plus fou encore, la Madone. Il attendait l'amour de la Femme absolue et l'image de cette perfection féminine le hantait. L'espoir de la rencontrer un jour, incarnée, ne le quittait plus jamais. D'où ses blasphèmes, à chaque nouvelle déception, quand il comparait les femmes qu'il connaissait à ses attentes les plus folles.

Cette rencontre aurait-elle lieu ce soir même ? Le visage tourné vers les étoiles, Potemkine qui avait découvert depuis longtemps les plaisirs de la chair, Potemkine « dans la force de l'âge » se mit à trembler en formulant la question. Comment se mentir ? Depuis toujours, il vivait « dans l'attente d'une véritable rencontre ».

*

Les jardins étaient illuminés par des milliers de flambeaux. On eût dit qu'un gigantesque coucher de soleil embrasait la façade majestueuse du palais d'Hiver. Dès qu'il eut mis pied à terre, le général posa sur son visage le masque de chat qu'il s'était choisi. Son œil unique brillait d'un éclat nouveau. Enhardi par cet anonymat, il gravit les marches d'un pas leste et passa entre la double haie de valets en livrée rouge et jaune, dont les perruques poudrées s'inclinèrent sur son passage. Ils lui rappelèrent la passion qu'il éprouvait dans sa prime jeunesse pour les uniformes vert et blanc des gens de Peterhof que le tsar Pierre le Grand avait lui-même dessinés. Enfin, à l'intérieur du palais, il abandonna sa pelisse aux bons soins d'un laquais, et traversa sans s'attarder la grande galerie pour se diriger vers la salle de bal où déjà se pressait toute l'aristocratie de Saint-Pétersbourg.

De nouveau, le pressentiment d'une proche rencontre l'envahit. Celle qu'il attendait de toute son âme, celle qui hantait ses rêves se cachait-elle, comme lui, sous un masque ? Il laissa son imagination vagabonder et ses yeux glisser sur les silhouettes qu'il rencontrait, inconnues assises sur des chaises fragiles ou dansant le quadrille sur les parquets cirés. En fin lettré, il chercha quels grands écrivains français avaient évoqué cette atmosphère dans leurs pages. Laquelle de leurs héroïnes aurait pu s'immiscer dans cette galerie d'aristocrates et de nouveaux riches, somptueusement parés. Rencontrerait-il ce soir sa princesse de Clèves ? Saurait-il reconnaître l'amour ?

Le général hésita à entrer dans la danse, de peur d'y égarer son rêve. Le son des cors annonçant le feu d'artifice décida pour lui. L'orchestre cessa de jouer et la foule des danseurs se pressa vers les balcons. Ce fut à cet instant qu'un éventail de plumes bleues, tenu par une main gantée, se posa sur son épaule. D'un geste impérieux, une inconnue de petite taille sollicitait son bras pour l'escorter à la fenêtre. Potemkine s'inclina et la considéra avec sa gravité coutumière. Il ne devinait rien de son visage, sauf quelques centimètres de peau nue qui révélaient un teint de lait sur lequel tombaient deux boucles de jais. Sa taille fine était prise dans une robe de taffetas bleu dont le décolleté généreux était richement brodé. Derrière le masque d'oiseau bleu qui dissimulait son visage dardait un regard noir, aussi brillant que les diamants qui pendaient à ses oreilles délicates. Elle lui sourit et il eut l'impression d'être plongé dans une vague d'eau tiède. Toutes les promesses de cette nuit de fête où l'on célébrait le renouveau du monde étaient contenues dans ce sourire. Potemkine, ébloui, se redressa de toute sa taille et lui ouvrit un chemin dans la foule. Dehors, les premières fusées du feu d'artifice défiaient les étoiles. Potemkine prit deux verres de vodka au miel sur le plateau que lui tendait un valet de pied et en offrit un à la jeune femme, tout étonné de sa propre audace.

Ils n'avaient toujours pas échangé une parole et il ne chercha pas à rompre le silence, heureux de prolonger la magie de cet instant unique entre tous et celle, fulgurante, du feu d'artifice. Les pyrotechniciens s'étaient surpassés et Potemkine, le corps dans l'aura de chaleur que dégageait celui de sa belle inconnue, regardait exploser les salves lumineuses. Sa mystérieuse cavalière semblait aux anges. Il fut frappé par sa gaieté franche et simple. Après le bouquet final, il resta les yeux fixés sur le ciel dans l'espoir d'une dernière salve. Mais quand il baissa la tête pour parler enfin à la belle inconnue, elle avait disparu, emportée par un cosaque au masque de papillon…

Les premières mesures d'un quadrille effréné résonnaient ; il se lança alors dans la danse, décidé à reprendre sa cavalière. Passant d'une femme à une autre, il ne quittait pas son oiseau bleu des yeux. Au gré des échanges, il se rapprochait d'elle insensiblement, sans prêter la moindre attention aux partenaires éphémères qui passaient entre ses bras. Chaque figure de la danse soulevait des parfums de musc, d'ambre et de lavande. Chaque fois, le frottement des étoffes et le bruit des talons qui marquaient la cadence l'enflammaient davantage. Enfin, elle fut à lui. Ses mains vibraient sur la taille de sa belle. Elle était si leste et si vive qu'il se sentait gauche et maladroit, à moins que ce ne fût à cause de l'émoi qui lui transperçait le cœur. Il chercha à capter son regard. Derrière les fines plumes du masque, il crut deviner que ses yeux riaient, légèrement moqueurs. Troublé par sa grâce, anxieux à l'idée que la fin de la danse allait les séparer, il cherchait un moyen de la retenir encore un instant quand elle murmura à son oreille, avant de lui échapper à nouveau :

– Vous êtes d'une beauté tout à fait insolente !

Le jeune général fut pris d'une sorte de vertige. Il avouerait plus tard, dans une de ses lettres, qu'il n'avait jamais éprouvé ce genre de sentiment avant cette rencontre, et qu'il ne l'éprouverait plus jamais par la suite. Lui qui mille fois avait affronté la mort dans tant de batailles, sans broncher d'un sourcil, devint d'un coup sentimental. Potemkine, poète à ses heures, ne pourra s'empêcher de mettre en vers l'incroyable romance dans laquelle il basculait. Il était si bouleversé qu'il eut soudain le besoin irrépressible de prendre l'air. Il céda sa place dans le quadrille et sortit dans le parc respirer à pleins poumons l'air glacé de janvier. Un grand frisson lui traversa le corps. Était-ce le froid ou la manifestation d'un trouble inconnu ?

Quand il eut recouvré ses esprits, il revint dans les salons pour chercher désespérément sa belle inconnue, qu'il ne retrouva nulle part. Ni dans la salle de bal, ni dans la grande galerie, ni dans les salons où les invités se reposaient en conversant avec légèreté. L'oiseau bleu s'était envolé. Il ne lui restait plus qu'à s'en aller. Chez lui, il se coucha, et ne se releva plus pendant quinze jours, cloué au lit par une forte fièvre. La belle inconnue hantait ses délires. Aussitôt guéri, il partit à sa recherche, déterminé à découvrir son identité. Peine perdue. Malgré toutes ses investigations, toutes ses questions, le masque d'oiseau garda son mystère.

*

Il reprit alors ses devoirs de militaire, et le chemin de ses batailles. Et c'est sous le feu nourri des canons qu'il continua de rêver à sa belle inconnue. C'est ainsi que sept semaines passèrent, où son humeur alterna entre l'abattement et la plus haute excitation. À l'aube de la huitième semaine, Potemkine reçut une missive inattendue, marquée d'un blason de la Russie impériale. Il était abasourdi : l'impératrice en personne lui écrivait !

« Monsieur le lieutenant-général, vous êtes, j'imagine, tellement occupé du côté de la Silésie que vous n'avez pas le temps de lire de lettres. Je ne sais jusqu'à présent si vos bombardements ont eu du succès, mais je reste convaincue que tout ce que vous entreprendrez vous-même ne saurait être attribué à un autre motif qu'à votre zèle ardent pour ma personne, et pour la chère patrie que vous aimez à servir. Mais comme, d'un autre côté, je tiens à conserver les hommes zélés, courageux, intelligents et habiles, je vous prie de ne pas vous exposer inutilement au danger.

« En lisant cette lettre, vous vous demanderez sans doute pourquoi elle a été écrite. Je vous répondrai tout simplement : je vous écris pour que vous ayez une confirmation du bien que je pense de vous, et sachez que j'en pense, et que je vous souhaite toujours beaucoup de bien. »

Potemkine comprit tout de suite. Catherine II ! C'était donc elle son oiseau bleu ! Elle qui décidait de se déclarer ! Elle qui jetait un pont sur l'abîme qu'il croyait devoir les séparer à jamais.

Une heure plus tard, il filait à bride abattue vers Saint-Pétersbourg. Comment n'avait-il pas deviné plus tôt ? C'est que cette possibilité même lui semblait irréelle ! L'impératrice, il l'avait toujours regardée avec adoration, mais comme une impossibilité, une hypothèse interdite. Il s'était ouvert de ses émotions dans son journal intime, dans le style flamboyant propre à son temps :

« Ô Dieu ! Quel tourment d'aimer celle à qui je n'ose le dire ! Celle qui ne peut jamais être à moi ! Ciel barbare, pourquoi la fis-tu si belle ? Pourquoi vouloir que ce fût elle, elle seule, que je puisse aimer ? »

À Saint-Pétersbourg, une autre invitation l'attendait à son domicile. Alexis Orlov, le frère du favori, le conviait à une mascarade dans sa datcha du bord de mer, « en l'honneur de Sa Majesté l'impératrice Catherine II » précisait le carton. Potemkine s'y précipita. Fut-ce pour venger son beau général de l'agression qu'il avait subie de son ancien favori ? C'est à Grigori Orlov que Catherine confia le soin d'introduire Potemkine chez elle. Si, dans un premier temps, comme il le reconnaîtrait par la suite, il ne soupçonna aucune perfidie dans les intentions de la tsarine, il devina tout en apercevant le visage radieux de Potemkine, et son pas alerte pour grimper quatre à quatre l'escalier de marbre blanc.

– Quoi de neuf au palais ? demanda Potemkine en le croisant.

Acerbe, et tout à fait conscient de la fin de son règne sur le cœur de l'impératrice, Orlov répondit :

– Rien, mon cher. Je descends… vous montez !

C'est ainsi que Potemkine sortit de l'ombre de l'histoire pour devenir l'un des plus grands hommes d'État du siècle.

*

Il était sept heures du soir lorsque la souveraine parut enfin, accompagnée de sa suite. Catherine II portait un manteau de taffetas vert émeraude dont la capuche cachait en partie ses cheveux noirs. Les invités se pressaient pour la voir et lui parler. Le jeune général était resté en retrait, le cœur battant. Du cortège, il ne parvint qu'à entrevoir les dernières dames de compagnie qui se dirigeaient vers les tableaux vivants. Il les suivit. On passa devant une pagode chinoise, plantée à l'orée d'un bois de bouleaux, d'où s'élevaient des mélodies exotiques. Sur une colline, un peu plus loin, devant une modeste maisonnette, un couple de jeunes bergers gardait ses moutons. Lorsque la tsarine s'approcha d'eux, ils entonnèrent un chant pastoral. Touchée par ce spectacle bucolique, elle alla caresser les joues roses des petits pâtres qui n'étaient autres que les enfants du maître des lieux. Soudain, la colline et la maisonnette s'escamotèrent, laissant apparaître une cathédrale immaculée dont les dômes dorés s'élançaient vers le ciel. Les cris d'admiration des invités redoublèrent quand, de part et d'autre de l'édifice, deux statues surgirent représentant la tsarine victorieuse, sur terre et sur mer.

Maintenant, Catherine s'avançait seule, d'un pas majestueux, presque hésitant, vers ce décor saisissant afin d'admirer de plus près le travail des artistes. Alors, une rafale de vent venue de la Neva gonfla son manteau et fit tomber sa capuche, dévoilant son magnifique *kokochnik*, cette fameuse coiffe russe en demi-cercle, posé sur ses cheveux. Le jeune général tendit le cou pour apercevoir le visage de sa souveraine, mais le cortège, qui poursuivait sa marche en direction de la résidence du prince, la masqua à nouveau. Tous les cent pas, un tableau vivant composé en l'honneur de la tsarine rappelait les moments les plus glorieux de l'histoire de la Russie. On passa ainsi devant un moine à la barbe épaisse en grande conversation avec un ours dressé qui semblait l'écouter avec attention. C'était saint Serge de Radonège, le père spirituel de la Russie qui, au XIVe siècle, avait ranimé les forces religieuses du pays depuis son ermitage perdu au fin fond d'une forêt. Un peu plus loin, on pouvait applaudir la saynète qui représentait le groupe des Cosaques Zaporogues heureux de rédiger, avec force éclats de rire, la fameuse lettre dans laquelle ils précisaient aux Turcs qu'ils ne se soumettraient jamais au pouvoir de la Sublime Porte, et resteraient éperdument fidèles à la couronne impériale. Un peu plus loin encore, un aigle d'or lançait un éclair fulgurant sur une horde de loups figés dans un sommeil éternel.

Le cortège avançait lentement. Les heures passaient. La fête battait son plein et Potemkine n'avait toujours pas pu apercevoir l'impératrice. Il commençait de désespérer quand on vint l'inviter à accompagner dans sa promenade l'ambassadeur d'Italie qui figurait parmi ses plus chers amis. Ses chances de se retrouver une seconde seulement, une toute petite seconde, seul et face à face avec la tsarine semblèrent se dissiper à jamais. Mais comment refuser sans paraître inconvenant ? Il emboîta le pas au diplomate qu'accompagnait le prince Gagarine, et dut faire un effort violent pour se concentrer sur la conversation. Elle roulait sur le génie propre à chaque peuple et Potemkine complimenta l'ambassadeur pour les exceptionnelles qualités musiciennes de ses compatriotes. Afin de souligner son intérêt pour la musique, il lui demanda quel compositeur avait écrit le petit menuet qui faisait fureur dans les soirées de Saint-Pétersbourg. L'ambassadeur se redressa et ajusta son pourpoint avant de répondre fièrement à la question du général :

– Il s'agit d'une œuvre de Luigi Boccherini. Un quintette dont ce menuet a été extrait, je viens d'en recevoir la partition ces jours-ci. Elle m'a été expédiée de Madrid par don Luis, le jeune frère de Charles III d'Espagne, qui m'honore de son amitié. Boccherini s'est installé à Madrid à l'instar de beaucoup de nos artistes, tel le grand Tiepolo qui y a fini ses jours, il y a quatre ans.

Mais Potemkine fut incapable de lui répondre. Entourée de sa cour, enveloppée d'un brouhaha de rires et d'exclamations, la tsarine s'approchait d'eux. Elle avait ôté son manteau et s'avançait dans un chatoyant *sarafan* orange et fuchsia, un habit russe traditionnel qu'elle affectionnait particulièrement. Catherine s'arrêta à deux pas du trio et, prenant appui sur le bras du prince Gagarine, quitta son escarpin pour en chasser un caillou.

– Il est plus aisé de se baisser dans cette tenue qu'avec une robe à paniers ! s'exclama-t-elle dans un éclat de rire, avec un naturel qui le subjugua immédiatement, et dont jamais il ne pourrait se lasser.

Enfin ! Enfin, il pouvait observer à son aise son visage animé, ses yeux noirs, sa bouche sensuelle. Il n'avait jamais pu la contempler de si près, dans une tenue aussi exotique, loin du carcan des vêtements de cour. Et soudain, il découvrit que les pendentifs de ses oreilles n'étaient autres que ceux de la belle inconnue au masque d'oiseau qu'il avait tenue dans ses bras, un soir du début janvier… Ainsi, il ne s'était pas trompé lorsque la vérité lui était apparue d'un coup en lisant sa lettre, au fin fond de la Silésie… C'était bien elle. Elle qu'il avait vainement cherchée jusque dans les échoppes des tailleurs de pierres précieuses, à qui il avait demandé pour qui ils auraient pu réaliser cette taille si rare, dite en briolette, et reconnaissable entre mille.

Comme l'exigeait l'étiquette, et peut-être avec une fougue que l'étiquette interdisait, Potemkine posa un genou à terre pour la saluer. Catherine, avec une grâce insolente, feignit la surprise en l'apercevant, et elle lui offrit sa main. Avec une hardiesse folle, Potemkine ne se contenta pas de s'incliner devant elle. Il déposa un baiser furtif sur le bout de ses doigts.

– Relevez-vous, mon ami, ordonna-t-elle.

– Majesté, déclara Potemkine de plus en plus ardent, je suis à vous…

L'aveu si spontané, l'élan si manifeste amusèrent de toute évidence la souveraine. Les yeux de Catherine s'agrandirent. Elle inclina légèrement la tête pour mieux observer celui qui l'avait prononcé et sourit :

– Aimez-vous les feux d'artifice ? lui demanda-t-elle en français.

– Oui, Majesté, ils font le plus beau de mes souvenirs, répondit-il dans la même langue. Mais je crains que nous ne puissions en contempler aucun ce soir car les bois sont trop secs…

– Vous en verrez bien d'autres, général, dit-elle gaiement.

La hardiesse du propos, et les sous-entendus amoureux qu'il suggérait coupèrent les jambes de Potemkine. Il resta planté sur place, et la regarda s'éloigner, suivie de sa cour où déjà chacun commentait à mi-voix cette étonnante conversation. Resté seul, Potemkine sentit son euphorie le quitter comme l'ivresse d'un champagne. Il était heureux et désespéré. Heureux d'avoir retrouvé son oiseau bleu. Heureux qu'elle l'ait reconnu comme son danseur de quadrille, l'homme au masque de chat. Mais désespéré de réaliser tout ce qu'impliquait son statut. Elle était l'impératrice de toutes les Russies. Autant dire qu'elle était la femme la plus inaccessible entre toutes.

*

Trois jours plus tard, un laquais portant la livrée des Romanov se présentait à la résidence de Potemkine sur le quai de la Neva. Le message était… impérieux. Il devait venir au palais d'Hiver le jour suivant, à midi.

Le lendemain, alors qu'il se rendait à cheval à son rendez-vous, un vent aigre balayait le fleuve. La grisaille et la brume d'hiver luttaient contre les frémissements du printemps, dont on commençait à sentir les effets, en ce début d'avril. Malgré l'épais manteau dont il était vêtu, Potemkine frissonnait, mais c'était d'émotion plus que de froid. Il écoutait le claquement des sabots de sa jument retentir comme le tonnerre du canon sur les dalles mouillées de la perspective Nevski, sans parvenir à couvrir les battements de son cœur. À la vue de la grille dentelée barrant l'entrée du palais, Potemkine eut une tendre pensée pour cette ville si belle, dont la grise tristesse contrastait avec l'allégresse qui l'animait. Il exultait à l'idée de revoir enfin celle qui occupait toutes ses pensées depuis le bal masqué, et ce avec une ferveur parfois insupportable. Mais dans cette impatience, dans ce bonheur, dans cette dilatation de son âme, il restait un fond d'inquiétude qu'il ne parvenait pas à chasser, et qui s'amplifia à l'approche du palais. Qu'attendait-on de lui ? Se faisait-il des illusions ? Voulait-on lui confier une mission ? Serait-il à la hauteur ? Il tournait et retournait toutes ces questions dans son esprit fiévreux. Il était conscient que son avenir se jouait peut-être en ce jour particulier, en cette heure singulière. Quelque chose allait se produire qui changerait irrémédiablement le cours de son existence et quoi qu'il advienne, qu'il reste maître de la situation ou qu'il en perde le contrôle, le jeune général qui quitterait tout à l'heure le palais ne serait plus tout à fait le même. Parfois, il arrive qu'un être sensible et intelligent perçoive ainsi, juste avant l'action, le bruit, léger mais distinct, que fait le destin lorsqu'il tourne une page.

Plusieurs carrosses occupaient déjà la cour d'honneur et patientaient au pied des hautes colonnes qui ornent la célèbre façade vert amande et blanc. Potemkine pénétra dans ce palais d'où partaient les ordres qui régissaient le sort des immensités de la Sainte Russie, et, en ce moment même, ceux qui décidaient de la guerre contre les Turcs. La splendeur des lieux ne le dérida pas. Il était tendu, sur le qui-vive, et presque au garde-à-vous lorsque, enfin, les valets en livrée bleu et or le débarrassèrent de sa pèlerine et de son tricorne. Enfin, il fut invité à gravir les marches recouvertes d'un tapis rouge du monumental escalier en marbre, dessiné par le génial architecte Rastrelli.

Il montait, en proie à une émotion de plus en plus grande, et tentait désespérément de dissimuler son état d'âme. Au premier palier, l'escalier se scindait en deux. Le valet de pied l'invita à emprunter la volée de droite. L'extrême faste du palais donnait à cette cérémonieuse progression une solennité plus grande encore. Attentif à suivre son guide, Potemkine n'avait pas assez d'yeux pour admirer au passage les dorures et les bronzes, les tapisseries et les tableaux. Il marchait avec l'impression enivrante d'accéder à des sommets extraordinaires où son sort allait se décider. Parvenu à l'entrée d'une vaste galerie, le valet déclina son nom haut et fort. Presque aussitôt, un homme dans la force de l'âge vint à sa rencontre. Un nouveau factotum le guida à travers une autre galerie dont les fenêtres donnaient sur la Neva :

– Vous êtes ici, monsieur, à la demande de Sa Majesté, lui dit-il. Elle ne tardera pas à faire son entrée.

Potemkine contempla la salle dont la splendeur coupait le souffle. Des colonnes de malachite et de lapis-lazuli, couronnées de bronze doré, conféraient au lieu des proportions exceptionnelles. Derrière une colonne, des officiers de la Garde impériale discutaient à voix basse. Plus loin, des représentants de quelque lointaine province attendaient patiemment d'être introduits. Des ambassadeurs étrangers en tenue d'apparat faisaient les cent pas avec leurs conseillers. Potemkine vit un aide de camp se diriger brusquement vers un Caucasien vêtu d'une blouse de soie bleue galonnée d'or. Il le prit familièrement par le bras pour entamer une conversation dont nul ne put rien entendre. Enfin, au bout d'une éternité, les grandes portes sculptées de la salle du trône s'ouvrirent largement et Potemkine vit l'impératrice apparaître dans toute sa majesté, précédée de son grand chambellan. Elle portait une robe de velours feuille-morte enrubannée de rose. Au premier coup d'œil, Potemkine reconnut les diamants, fixés cette fois de part et d'autre de son décolleté. À ses oreilles, elle avait accroché des cabochons de saphir. Elle prit place dans un fauteuil de soie jaune brodée de l'aigle impériale.

L'audience commença. Elle reçut ses visiteurs les uns après les autres, consacrant à chacun quelques minutes d'entretien. Derrière elle, un secrétaire prenait des notes. Petit à petit, la galerie se vidait, et Potemkine se prit à espérer qu'il serait le dernier. Et pourquoi non ? Le protocole lui imposait de passer après les ambassadeurs et les gouverneurs de province. En attendant, il ne perdait pas un détail de ce tableau magnifique du pouvoir en exercice. Enfin, ce fut son tour. Bien qu'il ait eu tout le temps de se préparer à l'épreuve, il ne put s'empêcher de rougir en s'inclinant devant la souveraine dans une révérence parfaite.

– Nous voudrions vous entretenir de notre désir de faire de vous notre aide de camp, dit Catherine. Mais auparavant, il vous faudra démontrer vos qualités de cavalier, ajouta-t-elle sur le ton de la confidence, légèrement penchée en avant. Car si vous voulez me servir, vous devez être excellent à cheval. Soyez donc sur la route de Peterhof vendredi à une heure, à cinq verstes des portes de la ville. À cheval, naturellement.

Et sans attendre sa réponse, elle se tourna vers le chef du protocole. L'entretien était terminé. Il ne sut jamais comment il parvint à se relever, ni comment il put sans vaciller s'incliner bien bas, et encore moins comment il trouva la force de s'éloigner avec dignité, sans tanguer comme l'homme ivre qu'il était devenu en buvant les paroles de sa souveraine. Il exultait. Un rendez-vous avec l'impératrice ! Même dans ses rêves les plus fous, il n'avait jamais songé que cela pût être possible un jour. Dans les corridors, les courtisans qui faisaient courir les rumeurs les plus extravagantes depuis la conversation surprise dans les jardins des Orlov se détournèrent de lui. Eh bien non, il n'était pas le nouveau favori qu'ils avaient pressenti. S'il l'avait été, n'aurait-il pas subi l'examen médical que la tsarine imposait à ses amants ? Son médecin de corps était bien connu d'eux, et ils ne l'avaient pas vu, ni son aide. Personne n'avait attiré Potemkine dans le cabinet de ce petit bonhomme au visage sévère, engoncé dans un habit de velours gris, et qui ordonnait au candidat de se dévêtir entièrement lorsque Catherine avait jeté son dévolu sur lui. Palpant là, vérifiant ici, aucun des aspects de l'anatomie du prétendant ne lui échappait. Le médecin demandait ensuite s'il avait jamais contracté quelque maladie au nom barbare. L'usage voulait aussi que l'ardeur de tout candidat de sexe masculin fût également examinée, mais elle était alors soumise à l'étude d'une experte : une fois son examen terminé, le médecin invitait le futur amant à se rendre dans un boudoir sans fenêtres, plongé dans une semi-pénombre. Là, une jeune femme – qui n'était autre que Mme Bruce, dame de compagnie et confidente de la souveraine – accueillait l'heureux élu sans lui laisser le temps de s'interroger sur ses desseins.

L'historien Wasilewski a décrit toute la procédure : « À une réception du soir, on a remarqué que Catherine a regardé fixement quelque obscur lieutenant présenté la veille ou perdu jusqu'alors dans la foule des courtisans ; le lendemain on apprend qu'il est nommé son aide de camp. On sait ce que cela signifie. Dans la journée, le jeune homme, appelé à la cour par un bref message, s'est retrouvé en présence du médecin de corps de Sa Majesté, l'Anglais Rogerson. Il a été confié ensuite aux soins de la comtesse Bruce, on l'a conduit dans l'appartement spécial [...] prêt à accueillir le nouveau venu. Tout le confort et tout le luxe imaginables, une maison supérieurement montée et un service de choix l'y attendent. »

Catherine dédiera ses *Mémoires* à cette fameuse comtesse Bruce, dont les « fonctions délicates » consistaient tout simplement à tester, telle l'« éprouveuse » du *Don Juan* de Byron, l'étendue des capacités sexuelles du nouveau favori. Il est bien évident que l'élu devait se montrer fort convaincant afin de combler sa partenaire, pour qu'elle relate dans les meilleurs termes les prouesses du vainqueur à son impératrice ! Il arriva à la comtesse de tomber sous le charme des futurs favoris, ce qui entraîna une rivalité terrible et de violentes disputes entre les deux femmes. Plus tard, ce fut au tour de Mme Protassov de s'occuper de ces examens d'une nature bien particulière.

Potemkine n'eut pas à subir cette visite, ni cet examen. Il dévala les escaliers pour rentrer chez lui, sans savoir que cette dispense était, chez Catherine, la marque de la plus grande confiance, et sans doute, en ces débuts d'idylle, le signe le plus éclatant de son affection.

*

Dès qu'on avait passé les portes de la ville, les dalles qui pavaient les chaussées cédaient la place à de simples planches de bois posées à même le sol. Plus ou moins vermoulues, elles cédaient parfois sous les sabots d'un cheval au galop ou les roues d'une calèche et causaient de nombreux accidents. La matinée était bien avancée lorsque Potemkine s'engagea dans les faubourgs de Saint-Pétersbourg. Il conduisait sa jument d'une main sûre et prudente. Légère et agile, Cantate réagissait à la moindre sollicitation. À chaque craquement suspect, elle suspendait son pied d'appui et en changeait aussitôt. Potemkine aurait aimé la lancer au galop pour arriver plus vite, mais c'eût été imprudent. En outre, il avait justement pris soin de partir bien en avance pour ne pas avoir à prendre des risques dont sa chère jument aurait fait les frais. D'autant plus qu'une pluie fine tombait maintenant avec insistance, qui rendait les planches encore plus dangereusement glissantes. Les dernières masures finirent par s'espacer. Plus il s'éloignait, plus elles étaient de construction modeste, petites et basses, bâties en rondins de bois et percées d'ouvertures étroites conçues pour résister aux rigueurs de l'hiver russe.

Potemkine connaissait bien cette route de Peterhof. Il en aimait le puissant parfum balsamique des forêts de sapins environnantes, mêlé du sel de la mer porté par les embruns. La résidence impériale voulue par Pierre le Grand avait été érigée sur le golfe de Finlande. Jusque-là, Potemkine n'était jamais entré dans aucun de ces palais somptueux, dont les dorures baroques brillaient de loin sous le soleil. Des parcs bruissant de fontaines et d'espèces rares en faisaient un paradis estival. Ce jour-là, une brume marine enveloppait tous les reliefs. Ces formes fantomatiques comblaient son âme romanesque. Il ne cessait de se répéter l'incroyable événement qui se préparait : lui, Grigori Alexandrovitch Potemkine, avait rendez-vous avec la tsarine !

Un couple de jeunes aigles planait haut dans le ciel. Les deux oiseaux de proie volaient côte à côte, d'un même élan, d'un même battement d'ailes. Ils virèrent à l'unisson pour aller se poser sur la cime d'un immense sapin. Le lieutenant-général admira ce double symbole de puissance, de liberté et d'acuité, si fort qu'il écrirait plus tard un poème à leur gloire, puis il se demanda s'il devait y voir un heureux présage. La passion qui l'habitait, le merveilleux enchaînement des événements, tout portait à le croire. Il en était là de ses réflexions quand sa jument Cantate dressa soudain les oreilles, inquiète. Un frisson fit trembler tout son corps. Nul doute : un cavalier attendait un peu plus loin, imposante silhouette aussi parfaitement immobile qu'un chien à l'arrêt. Ami ? Ennemi ? Sans rien modifier de son allure, Potemkine, l'esprit aux aguets, continua sa route. Mais la carrure impressionnante et le visage cramoisi du cavalier n'étaient autres que ceux d'un valet d'écurie. Le domestique s'inclina respectueusement à l'approche de Potemkine ; il ôta son couvre-chef et invita le tout nouvel aide de camp de l'impératrice à le suivre.

Au grand étonnement de Potemkine, ils quittèrent la route au petit trot pour traverser un bois de chênes. Petit à petit, les arbres devinrent plus clairsemés et enfin, d'un seul coup, ils laissèrent la place à une vaste plaine qui s'étendait à perte de vue et semblait s'abîmer dans les eaux tumultueuses du golfe. Encore quelques pas, et tout près d'un bosquet, Potemkine aperçut une maisonnette vers laquelle le valet se dirigea prestement. Potemkine dut piquer des deux pour le suivre. Ainsi, c'est ici que le rendez-vous avait été fixé ! Le valet le fit entrer et lui proposa du thé au miel en attendant que la « dame » arrive puis il s'éclipsa, non sans prendre les rênes de Cantate pour l'étriller et l'abriter dans l'écurie.

*

Un feu haut et clair ronflait dans la cheminée. Lentement, Potemkine mit sa pèlerine à sécher sur le dossier d'une chaise et tira du samovar en argent ouvragé qui trônait sur une petite table un gobelet de thé brûlant. Il n'avait plus qu'à patienter, confortablement étendu sur les peaux de loup et d'ours jetées pêle-mêle sur le sol. Pour tromper son impatience, il n'avait que la vue depuis la fenêtre sur l'immense plaine qui s'étendait comme un théâtre vide. Qu'attendait la tsarine de ce rendez-vous ? Pouvait-il oser rêver qu'elle avait prévu ce qu'il espérait de toutes ses forces ? Son âme intrépide était prête à tout.

Enfin un bruit de roues et des hennissements le précipitèrent dehors. Endossant sa pèlerine au vol, il s'élança pour accueillir sa royale cavalière. Il fut étonné par la modestie du carrosse qui était arrêté devant la porte. Un valet avait sauté à terre pour ouvrir la portière. Un court instant, Potemkine crut à un piège : n'était-ce pas un cavalier qui sautait sur le sol ? Chaussé de hautes bottes de cuir, drapé dans un ample manteau marron et coiffé d'un tricorne noir rabattu sur ses yeux ? Il fallut au jeune officier quelques secondes pour reconnaître Catherine sous ce travestissement. Il la salua profondément :

– Ma reine a-t-elle fait bonne route ? demanda-t-il en faisant sa révérence.

– Rapide, mon ami, rapide ! s'exclama la tsarine. Venez, ajouta-t-elle, profitons de cette belle fin de journée pour caracoler !

Le valet d'écurie avait déjà amené les chevaux. Catherine se hissa avec souplesse sur la selle et Potemkine, légèrement décontenancé par cette invitation, l'imita aussitôt. Ne l'avait-elle pas averti ? Elle voulait juger de ses performances de cavalier. Il piqua des deux tandis que l'impératrice le jaugeait du regard, un fin sourire aux lèvres. Elle le complimenta sur sa monture avant de talonner à son tour son coursier. Très vite, elle força l'allure et le devança. Potemkine put admirer le maintien de sa souveraine qui, faisant corps avec l'animal, devenait centaure. De nouveau, il crut rêver. Était-ce bien l'impératrice de toutes les Russies qui galopait à bride abattue sur ce sentier désert ? La souveraine dont toutes les cours d'Europe vantaient les mérites et l'intelligence ? L'érudite amie de Voltaire et de Diderot ? Il la rattrapa pour galoper à ses côtés et ainsi, d'un même mouvement, comme les deux aigles qu'il avait admirés quelques heures auparavant, ils chevauchèrent sur plusieurs verstes sans prononcer une parole, adonnés au même plaisir de leur course, de leur synchronie, de leur solitude dans cet espace immense battu par les vents et auréolé d'embruns. Enfin, Catherine finit par ralentir l'allure, tout en flattant l'encolure de son cheval. Rosie et décoiffée par le vent, elle souriait, heureuse, juvénile, comme assouvie par cette escapade à travers la plaine.

– Allons jusqu'à la mer, proposa-t-elle. Un peu plus loin, nous trouverons un sentier qui mène à la plage. Je vous entraîne au cœur de ma Russie secrète. J'y viens quand j'ai besoin d'être seule, pour me purifier des soucis de l'Empire.

Le regard intense de l'impératrice scrutait celui de Potemkine, qui reflétait le même plaisir de la course, et toute l'ardente émotion de ce tête-à-tête.

– Savez-vous, cher ami, reprit-elle avec une gravité inattendue, que vous êtes le premier à partager ces instants avec moi ?

– Sa Majesté me fait une faveur sans prix, répondit Potemkine.

La brume marine s'était dissipée, chassée par le vent vif qui avait dégagé un ciel maintenant cramoisi. Le crépuscule approchait, mais l'annonce de la nuit ne fit pas renoncer Catherine à son envie. Elle entraîna son aide de camp au bord d'un escarpement qui dominait la mer. À droite s'ouvrait le petit sentier dont elle lui avait parlé. Ils mirent pied à terre, attachèrent leurs montures à une souche et s'engagèrent ensemble dans le chemin étroit et très pentu.

Potemkine offrit sa main à l'impératrice pour l'aider dans cette descente, mais il dut se résoudre bien vite à marcher devant elle. Plus les heures s'écoulaient, plus il vacillait de vertige. Qu'allait-il se passer maintenant ? Comment et quand reviendraient-ils ? Il était seul, au bout du monde, au bord de la nuit, avec la tsarine. Il en était là de ses pensées quand elle poussa un petit cri, et il n'eut que le temps de se retourner pour la retenir dans ses bras. Une pierre avait roulé sous sa botte et Catherine, déséquilibrée, avait plongé en avant.

– Merci, dit-elle en se ressaisissant. Sans vous, je serais arrivée en bas dans un triste état.

Elle avait prononcé ces mots avec légèreté, mais elle ne se dégagea pas de son étreinte. Elle restait contre lui et Potemkine put sentir tout son trouble. Alors, transporté de joie, il prit son visage entre ses mains et baisa ses lèvres avec dévotion. À cet instant, la puissante impératrice parut presque intimidée et Potemkine, surpris, reprit sa marche vers la mer. Parvenus sur la plage, ils contemplèrent un long moment les vagues qui se brisaient sur les rochers. Il faisait de plus en plus sombre et Potemkine n'osait plus bouger. Soudain, Catherine se tourna vers lui et saisit son bras avec fermeté :

– Écoutez-moi, général, dit-elle de ce ton impérieux qui la caractérisait. Nous aurons tous deux plusieurs modes de relation. Souvenez-vous de me garder toujours et en tout lieu le respect que vous devez à votre souveraine.

Et brusquement, sans qu'il s'y attende, elle se précipita dans ses bras et lui rendit son baiser avec une ardeur tempétueuse. Et puis, le temps de reprendre son souffle, elle lui murmura :

– Il vous est toutefois recommandé de conserver intacte votre belle fougue de cavalier.

Plus tard, elle lui écrirait : « Soyez mon complice et je serai la vôtre. Je vous veux à mes côtés, je veux aussi que vous travailliez avec moi, pour le bien de ce pays que j'ai adopté et qui est le vôtre. » Mais dans cette heure magique, entre jour et nuit, cette heure d'attente qui préludait à de longues joutes amoureuses, elle désigna sans attendre sa réponse le paysage de dunes et de vagues d'un geste du bras ample et gracieux.

– Regardez ! Comment la beauté de cette nature pourrait-elle se perpétuer sans la force des hommes qui habitent et cultivent ce pays ? Cette force est devenue mienne. Ô Potemkine ! À mon arrivée en Russie, j'étais une autre. Une simple princesse allemande, un peu rigide, un peu compassée. Ici, je suis devenue ce pour quoi je suis née : forte, exigeante, gourmande. M'a-t-il fallu l'exceptionnelle faculté qu'ont les Russes d'adopter ceux qui viennent d'ailleurs, ou cela ne tient-il qu'à mes propres capacités d'adaptation ?

Elle poussa encore un grand soupir et se blottit contre lui :

– Quoi qu'il en soit, l'exceptionnel don de survie de mes sujets est devenu le mien. Quant à vous qui avez osé me parler, m'embrasser, laisser parler votre cœur sans calcul, je lis en vous une détermination et une franchise qui me plaisent. Vous êtes l'âme de ce pays, mon cher ami. Soyez-moi fidèle, aimant et discret. C'est tout ce que je vous demande.

Et puis, sans lui laisser le temps de répondre – mais que pouvait-il répondre à cela ? –, elle le poussa vers le sentier à petits coups de houssine.

– Vite, la nuit tombe et nos bêtes s'impatientent, dit-elle en s'engageant dans la sente.

Potemkine la suivit, le cœur étreint d'un émoi profond. Il se sentit lié à jamais à cette femme magnifique d'autorité et de sincérité mêlées qui courait devant lui, son tricorne à la main, impatiente et malicieuse, et tellement irrésistible ! Ils regagnèrent au grand galop la petite isba. De loin, la maisonnette ressemblait au logis de ces esprits des bois qui hantent les forêts russes. Le valet d'écurie leur jeta un regard noir et emmena leurs chevaux dans un silence qui en disait long : il en voulait à l'impératrice d'avoir pris des risques en rentrant si tard, à la nuit tombée, sans autre escorte qu'un jeune homme bien peu aguerri.

*

Une douce chaleur les accueillit. Le samovar fumant et un vieux chat assoupi près du feu renforcèrent l'impression qu'avait Potemkine de vivre un conte de fées de son enfance. Pendant qu'il mettait les manteaux à sécher devant la cheminée, Catherine dégrafa son corset, posa ses mains sur sa taille, s'étira et gonfla son buste.

– Si vous saviez, cher ami, combien il est bon d'oublier ce maudit corset et de sentir son corps libre sous ses vêtements ! s'exclama-t-elle, d'un seul coup volubile. Vous autres, hommes, ne connaissez pas le supplice de vous faire emprisonner le buste chaque matin. C'est pour cela que je préfère m'habiller avec des costumes qui dispensent de ce terrible carcan. Et puis, monter en amazone est tellement inconfortable, alors que caracoler à califourchon avec juste une chemise sur la peau est délicieux, conclut-elle en délivrant ses boucles sombres qu'elle avait nouées en catogan.

Elle parlait et il se taisait. Mais son regard éperdu, son visage bouleversé disaient assez la sincérité de son émotion. Tous les mystères de la femme lui étaient révélés d'un coup. Il avait encore du mal à concevoir qu'elle serait sienne, mais il lui appartenait déjà, corps et âme. Une gerbe d'étincelles éclata dans l'âtre. Il prit entre les siennes les mains glacées de Catherine, qui le fixa intensément.

– Aimez-moi, dit-elle de sa voix claire et décidée. Nombreux sont ceux qui me jouent la comédie de l'amour et j'y consens. Mais je ne le tolérerai pas de vous. Vous êtes jeune et l'amour que vous me portez sera le moyen de votre élévation. Je ne parle pas de votre fortune. Votre nom illustre y pourvoit déjà. Je parle d'élévation morale. Je parle de l'homme que vous pouvez devenir, de l'homme que je vois en vous. Un grand homme. Un homme digne de m'aimer.

Potemkine gravait dans sa mémoire les paroles de cette femme dont il avait pressenti dès le premier soir qu'elle changerait le cours de son existence. Soudain, avec ses paroles, il entrevoyait le monde qui s'ouvrait à lui, et le destin extraordinaire qu'elle lui offrait, et encore toute la vie dont elle lui ouvrait la porte sans rien lui demander en échange, sinon de rester ce qu'il était, et de l'aimer du même élan.

– Ma reine… murmura-t-il. J'attendais ces paroles depuis le jour béni où vous avez posé votre éventail sur mon épaule.

Je n'espérais rien d'autre que de pouvoir accomplir ce dessein. J'ai même souvent désespéré, avoua-t-il dans un souffle.

Elle rit doucement.

– Il est vrai que vous êtes d'une beauté insolente, murmura-t-elle en se blottissant contre lui.

Bientôt sa peau douce s'offrit à ses caresses. Cette nuit-là, dans les bras de sa tsarine, Potemkine comprit ce qu'était vraiment l'amour. Dans ses bras, contre elle, en elle, il découvrit qu'il avait le goût des feuilles et celui du feu, qu'il était à la fois une source chaude et un océan violent. Il apprit que le meilleur de lui-même se situait là, dans le don total qu'il faisait de sa personne à celle qu'il aimait. Il ne cessait de murmurer le nom de Catherine et, dans les élans de cette passion partagée, il comprit toute la signification de ce qu'elle exigeait de lui.

L'impératrice mit autant d'ardeur que de tendresse à répondre à la fougue de son amant jusqu'au moment où, tard dans la nuit, les devoirs de sa charge s'imposèrent de nouveau.

– Nous devons rentrer. Tout le palais doit être en effervescence. Laissez votre jument Cantate ici. On vous la ramènera demain. Vous monterez dans ma voiture. Nous nous tiendrons chaud et nous parlerons de votre avenir.

Le retour passa comme un rêve. La tsarine entretint Potemkine des tâches diverses qu'elle souhaitait lui confier et lui donna rendez-vous le lendemain, au palais. Le carrosse s'arrêta à proximité d'une porte dérobée derrière laquelle Catherine s'esquiva après avoir fait de doux mais discrets adieux à son amant. L'attelage se remit aussitôt en route en direction de sa résidence.

Le lendemain, comme Catherine le lui avait demandé,

Potemkine se rendit au palais. Elle le reçut dans son cabinet. Ses yeux brillaient et son visage avait le doux éclat de celui d'une femme qui se sait aimée. Elle le mit au travail sans perdre un instant. Le jeune général découvrit le rythme infernal qu'elle imposait à ses proches collaborateurs et la phénoménale puissance de travail dont elle était capable. Plongé dans le dur labeur auquel elle le soumit dès ce jour, il comprit qu'il allait trouver intérêt et plaisir à se consacrer aux affaires de son pays. Une tâche qui allait l'occuper toute sa vie. Une tâche qu'il mènerait à ses côtés. Une tâche pour laquelle il était né.

Et le soir venu, Catherine l'entraîna à nouveau dans une douce bataille qui mêla leur souffle et leurs désirs loin dans la nuit. Bien plus tard, après l'avoir longuement observé dans la clarté des chandeliers qu'il rallumait un à un, elle lui offrit le plus somptueux des gages d'amour et de confiance : les deux merveilleux diamants qu'elle portait le soir de leur première rencontre.

*

Potemkine fut présenté au palais d'Hiver dans la soirée du 4 février 1775. Il fut introduit directement dans les appartements privés de l'impératrice, et resta une heure avec elle en tête à tête... Par la suite, leurs rendez-vous furent souvent fixés dans le bain de vapeur russe qui devint d'ailleurs l'endroit favori de leurs rencontres. Les hommes et les femmes ordinaires étaient toujours ensemble dans les *banyas* au XVIIIe siècle, à la grande indignation des étrangers, mais l'impératrice, elle, y recevait ses amants…

Le 18 février, relate le journal de cérémonie, l'impératrice et Potemkine assistèrent ensemble à une comédie donnée à l'Opéra, puis ils se retrouvèrent dans les appartements de la tsarine, où ils bavardèrent et firent l'amour jusqu'au petit matin. Bientôt Catherine installa son favori auprès d'elle, au palais d'Hiver. Ceux qui ont visité le musée de l'Ermitage connaissent ce haut lieu de l'histoire. L'appartement de neuf pièces du nouveau favori, actuellement transformé en salles d'exposition, se trouvait alors exactement au-dessous de celui de l'impératrice. Les deux appartements ne donnaient pas sur la Neva mais sur la place du Palais, et sur une cour. Un escalier en spirale reliait directement la chambre de Potemkine à l'appartement de l'impératrice. Parfois, Potemkine rendait visite à sa bien-aimée sans préavis. Il faisait alors irruption vêtu d'une simple robe de chambre turque, la poitrine et les jambes découvertes, les pieds nus. S'il faisait froid, il jetait un manteau de fourrure sur ses épaules, ce qui lui donnait l'apparence d'un ours.

Le comportement de Potemkine au palais d'Hiver ne manqua pas, au début, de choquer les courtisans et les ambassadeurs. « Ses goûts sont véritablement russes », disait-on, pour ne pas dire qu'on le trouvait un peu rustre. Il est vrai que lui-même écrivait qu'il ne trouvait « rien de mieux que la nourriture traditionnelle du pays », en particulier les mets comme les pirojkis, ces fameux pâtés fourrés de légumes, souvent des pommes de terre, des navets, des radis, et de l'ail, exactement comme il l'aurait fait dans son village natal. S'ils passaient rarement toute la nuit ensemble, ce que Catherine fera avec certains favoris plus tard, c'est que Potemkine aimait dormir tard et que l'impératrice se réveillait à l'aube.

L'année suivante, au printemps, l'impératrice installa son favori avec elle, dans les fastes de son palais d'Été, à Tsarskoïe Selo. Et plusieurs fois par jour, cet amoureux pressé de retrouver sa belle grimpait quatre à quatre le grand escalier de marbre. Il aimait particulièrement le palais d'Été. Il avait l'impression que cette extravagance architecturale correspondait parfaitement à sa nature qui ne connaissait pas de limites. Tous les décors en relief avaient été habillés d'or, et les guirlandes de la façade enduites de jaune pâle. Des dômes dorés rythmaient les lignes du toit en tôle de fer brillant comme l'océan un jour d'orage. À l'éclat des murs extérieurs répondait la magnificence de la décoration intérieure, faite de kilomètres de moulures couvertes de feuilles d'or. Enfin, malgré le caractère grandiose des lieux, la distribution des pièces en enfilade leur assurait une échelle relativement humaine. Le point d'orgue de ce plan tout en longueur était le grand vestibule, une pièce de mille mètres carrés où les fenêtres alternaient avec trois cents miroirs pour rehausser encore le scintillement de la lumière et des lustres.

Les deux amants ne se quittaient plus et l'installation de Potemkine dans les palais que Catherine occupait, au moment où elle les occupait, leur permettait de se voir à tout moment. Et pourtant, malgré cette proximité, Catherine ne pouvait s'empêcher de lui écrire des mots doux à tout bout de champ : «Je serai pour toi une femme de feu comme tu le dis… » Ou encore : «Les portes seront ouvertes… Chéri, je vais au lit… je vais faire tout ce que tu demandes. Est-ce que je viens à toi ou vas-tu venir à moi ? »

*

Leur relation allait être un record de longévité d'amour et de partenariat dans le travail qui allait changer le paysage politique de la Russie et, à terme, ses alliances à l'étranger. Catherine se comportait avec son favori tout autrement qu'avec n'importe quel homme : elle lui demandait des conseils ; elle lui envoyait les projets de ses lois ; elle le priait d'assister aux délibérations ministérielles. Elle refusait d'entreprendre telle ou telle démarche sans lui demander son avis ou sans avoir son accord. Les lettres de Catherine éclairent profondément son âme ; elle s'y montre comme l'amoureuse passionnée – selon ses formules –, une « femme de feu », ainsi l'appelait Potemkine ; mais aussi comme une femme aux soucis maternels et faisant montre d'une large compréhension, à la façon d'une compagne loyale toujours prête à pardonner.

À dire vrai, le caractère de Potemkine n'était pas facile. Dans sa force indomptée, le favori s'emportait violemment au moindre nuage. Quand, fatiguée par son travail harassant, Catherine le priait de lui accorder une nuit de repos, Potemkine se déchaînait furieusement, abjurant tout son amour. Après de telles scènes, Catherine lui écrivait avec une patience inouïe : « Dites-moi un peu, comment seriez-vous si je me fâchais, me levais, m'enfuyais en claquant les portes derrière moi, qu'après cela je vous battais froid, ne vous regardais pas et même que j'affectais d'être plus froide qu'en effet je me trouvais, qu'à cela j'ajoutais des menaces ? » Toutes ces lettres nous éclairent sur ce qui les unissait, et les tenait étroitement l'un dans la vie de l'autre. Dans les missives de Catherine, il n'y avait jamais qu'une reconnaissance profonde pour Potemkine de posséder « ce don d'amour » qu'elle avait attendu jusqu'à ses quarante-cinq ans. Et chacun était doté de la même liberté intérieure, qui leur permettait d'assumer et de défendre avec orgueil leur vie d'amants passionnés.

Nombreuses sont les anecdotes qui racontent comment Catherine choisissait devant tout le monde, avec une sorte de franchise cynique, un jeune homme qui lui avait plu pour en faire son favori. Ces historiettes ont été répétées un nombre incalculable de fois, bien qu'on n'en trouve nulle part la confirmation historique. Or, depuis qu'on les connaît, les lettres de Catherine à Potemkine démontrent au contraire toute sa sensibilité, toute sa fidélité, et les efforts qu'elle faisait pour ne rien trahir devant la cour de ses sentiments ni de la nature de ses relations avec lui. Est-ce parce qu'elle eut à subir d'Orlov une outrecuidance sans pareille, et une conduite qui manquait de la plus élémentaire discrétion ? Elle restait d'une suprême élégance en toutes circonstances et si, au cours des années, leur intimité ne put rester longtemps cachée, Catherine observa toujours les formes les plus sévères de l'étiquette et en exigea autant de Potemkine.

Ainsi concluait-elle souvent ses premières lettres : « Adieu, mon ami, conduis-toi bien devant les gens pour que personne ne puisse se douter de ce qui se passe entre nous. Cela m'amuse beaucoup de rouler le monde. » Elle avait bien d'autres raisons de rester discrète, et parmi les plus impérieuses, celle de ne pas choquer son fils Paul, qui nourrissait déjà une haine féroce pour le comte Orlov pour avoir été l'amant de sa mère. Elle était donc très prudente, jusqu'à cacher avec la plus grande précaution ses lettres, et prier Potemkine d'avoir la même vigilance : « [...] Je suis en bonne santé et j'ai bien dormi [...]. Je crains que vous perdiez mes lettres, que quelqu'un vous les vole de votre poche. » Dans ses premières missives, elle donnait des surnoms à ses courtisans pour qu'ils ne se reconnaissent pas, ou encore utilisait un code secret pour les choses de l'amour. Elle réussit si bien à dissimuler ses relations avec Potemkine que bientôt le bruit se répandit qu'il n'était que le favori officiel pour la galerie, et que son amant véritable était toujours Vassiltchikov, qu'elle avait pris comme un pis-aller.

Potemkine, qui était obsessionnellement jaloux, crut lui-même à cette fable ; dans sa fureur, il écrivit à Catherine : « Si jamais quelqu'un occupe ma place, celui-là ne me survivra pas », à quoi Catherine lui répondit : « Chéri, quelle honte d'avoir dit ce que tu as dit ! Je t'assure que tu n'as pas le moindre motif de crainte. Il n'y a pas au monde un seul homme qui puisse t'égaler. Je me suis bien brûlé les doigts avec cet imbécile de Vassiltchikov... Tu peux lire dans mon âme et dans mon cœur. Je te les ouvre franchement et de toutes les façons. Si tu ne le sens pas et ne le vois pas, tu n'es vraiment pas digne de la grande passion que tu m'inspires. Je t'aime sans limites. Comprends-le bien ! Mais je te prie de me payer de la même monnaie. » Et encore : « Tu connais ma nature et mon cœur, tu sais mes qualités et mes défauts. Je te laisse choisir ton comportement [...]. Il est ridicule de te tourmenter toi-même [...]. Tu ruines ta santé pour rien. »

Il faut dire que Potemkine avait quelques raisons de douter : l'ex-favori de Catherine habitait toujours le palais d'Hiver ! Il faisait encore partie du petit cercle des intimes de l'impératrice, et soupait souvent en compagnie de la tsarine et de Potemkine. Certes, les deux amants l'avaient surnommé « la soupe à la glace » et riaient souvent de lui, mais la présence de Vassiltchikov bouleversait Potemkine. Au bout d'un an, il obtint de l'impératrice que son ancien amant déménage enfin et quitte son appartement du palais d'Hiver, qui devint aussitôt la salle du Conseil.

Grimm, l'ami de Catherine, qui séjournait alors à la cour, résuma la situation. La tsarine « avait jeté dehors un personnage terne », et l'avait remplacé par « l'un des plus spirituels et des plus excentriques esprits de ce siècle ». Pour autant, ce départ ne calma pas la jalousie de Potemkine. Car, quoi qu'il lui eût promis, il lui était de plus en plus difficile de maintenir une relation égalitaire avec une femme non seulement plus puissante en naissance, en pouvoir et en fortune, mais aussi d'une telle indépendance sexuelle. Si Catherine était très heureuse d'avoir trouvé un partenaire qu'elle traitait dans un rapport d'égalité, Potemkine souffrait de plus en plus souvent de n'avoir aucune prise sur elle. Elle l'aimait, mais elle n'était pas sous sa coupe comme il l'était, c'est-à-dire entièrement. Et puis Catherine était une maîtresse insatiable. Il ne s'agissait en aucun cas de nymphomanie, pathologie qu'on lui a trop souvent abusivement attribuée, mais d'un vigoureux appétit qui, satisfait, la laissait assouvie et heureuse, et répondait à la puissance du travail qu'elle fournissait chaque jour. Et son favori savait combien elle pouvait être simultanément prude et débauchée, et prude dans sa débauche lorsqu'elle fixait des règles à son propre dévergondage : ainsi, elle s'interdisait de prendre plus d'un amant à la fois. Les familiers qui se permettaient devant elle des propos un tant soit peu grivois étaient aussitôt mis à l'amende.

Quant à Potemkine, alors que rien ne le faisait davantage souffrir, il exigeait de tout savoir du passé amoureux de sa tsarine. Lasse de son insistance, elle finit par lui écrire, dans une de ses lettres les plus célèbres : « Comme tu seras heureux de le voir, il ne s'agit pas de quinze amants, mais seulement d'un tiers de ce chiffre. La première aventure, Saltykov, a eu lieu involontairement et la quatrième, Vassiltchikov, par désespoir, ce qui ne peut certes pas être considéré avec l'indulgence des trois autres. Dieu est mon témoin, ils ne sont pas dus à la débauche pour laquelle je n'ai pas d'inclination. Si, dans ma jeunesse, j'avais eu un mari aimable, je lui serais toujours restée fidèle. »

Elle poursuivait en justifiant sa nature : « Le problème, c'est seulement que mon cœur ne peut pas se contenter d'un combat sans amour. [...] Peut-on aimer quelqu'un après t'avoir connu ? Je crois que nul homme au monde ne peut t'égaler, et surtout, sache que mon cœur est constant de nature. Je dirai même plus : en général, je n'aime pas le changement. [...] Tout ce dont j'ai rêvé toute ma vie m'est arrivé », écrivait-elle encore. Elle continuait en expliquant, en français : « Il est impossible pour moi de changer en ce qui te concerne. Je t'aime au-delà de moi-même. »

*

L'impératrice avait, en outre, d'autres soucis que les états d'âme de son amant : la reconstruction du pays dévasté après la révolte cosaque ; la répartition et la distribution de grains à la population qui mourait de faim ; la construction de villes et de villages ; l'établissement de routes et de canaux dans le Sud du pays, et l'ouverture de nouvelles voies commerciales. Et à côté de ces travaux, il y avait encore tout à faire pour guérir les blessures que la guerre contre la Turquie avait causées, pour supprimer ou du moins réduire les effroyables désordres que la guerre civile de Pougatchev et les guerres étrangères avaient générés sur tout le territoire.

Plus encore qu'un amant sans égal, Catherine avait décelé chez Potemkine un homme d'État – celui qu'elle voulait à ses côtés –, et un incomparable soutien pour conduire la Russie vers de grands desseins. Aussi lui proposa-t-elle de l'épouser. C'était une preuve d'amour de sa part bien sûr, mais aussi de la clairvoyance et un grand sens de la raison d'État. Il accepta. Le mariage eut donc lieu à la fin de l'année 1775, en l'église Saint-Samson, par une fin d'après-midi où les nuages glissaient dans l'argent du ciel de Saint-Pétersbourg. Des amis, ou plutôt des confidents, ainsi que quelques neveux de Potemkine se pressaient devant l'iconostase impressionnante, aussi chargée que le cœur de Catherine. Lorsque, après la pluie, le soleil était apparu, rendant à la ville toutes ses couleurs, un bateau s'était dégagé du quai du palais d'Hiver pour traverser la Neva et accoster juste en face de cette cathédrale qui existe encore de nos jours, où attendaient les amis, et où la grande tsarine Catherine II, impératrice de toutes les Russies, prit pour époux son aide de camp, le comte Grigori Alexandrovitch Potemkine.

*

Potemkine était comblé. Il partageait désormais tout avec l'impératrice, son cœur, sa couche, son royaume : une complicité parfaite, presque trop parfaite, car la fissure était déjà là et ce mariage ne fut qu'une pause dans le calvaire qu'il avait commencé à vivre aux côtés de Catherine. Elle ne le pressentit qu'à moitié. Lorsqu'il se mit à sombrer, de plus en plus souvent, dans des crises de mélancolie, elle choisit d'attribuer son spleen aux bains froids qu'il prenait trop souvent. Mais elle était résolue à tout donner à celui qui avait conquis son cœur. Elle l'avait nommé feld-maréchal, puis lui avait donné le titre de comte. Elle avait demandé et obtenu de Joseph II qu'il le nomme *Reichsfürst*, prince du Saint-Empire romain germanique. En outre, elle lui offrit de multiples récompenses ainsi que des postes importants dans son administration, notamment celui de président du Conseil militaire.

Durant dix-sept ans, il fut le personnage le plus puissant de Russie. De très nombreux faits historiques attestent sa gigantesque et extraordinaire influence durant toutes ces années. Les plus importants documents d'État passèrent entre ses mains.

Mais que recherchait-il à ce moment-là ? Il avait été attiré par une femme inaccessible, et Catherine avait répondu à cet appel en se montrant familière et gracieuse, et ce n'était pas avec une souveraine qu'il devait désormais partager le fardeau – plus lourd que l'amour – de l'héritage historique des tsars de toutes les Russies, mais avec une épouse. L'amour, l'absolu ont-ils leur place dans le monde politique placé sous le signe des rapports de force et des calculs ? Qu'était devenu le vigoureux amant, généreux et sans égal, son « maître jamais fatigué » selon la formule même de Catherine ?

« Mon âme, mon cher époux, veux-tu me donner des caresses ? » ne cessait-elle de lui écrire. Mais Potemkine devenait de plus en plus distant et s'assombrissait. Catherine répétait alors à son amant qu'elle voulait « être heureuse, envers et contre tout ». Elle lui écrivait, avec la terrible lucidité qui la caractérisait : « L'amour est l'instrument dont disposent les femmes pour forcer le destin et en adoucir les coups. C'est le moyen d'obtenir ce qu'elles désirent et de désirer ce qu'elles ne pourraient obtenir autrement. Il s'agit toutefois de veiller à maîtriser cet instinct féminin de domination qu'un véritable amant ne pardonnera pas. Car ce qui plaît à un homme est ce par quoi il ne pense pas pouvoir être vaincu. »

Cet hiver-là, le couple partit pour Moscou où il s'installa dans un charmant palais situé à une dizaine de kilomètres du Kremlin. Catherine, comme si elle était une vraie Russe, emmenait Potemkine se promener le long des murailles de brique rouge sang de la forteresse. Elle savait que son amant, devenu son mari, était dévot et passionnément intéressé par l'histoire de l'Église. Elle lui fit visiter les hauts lieux de l'orthodoxie. Main dans la main, elle l'entraînait dans la neige fraîchement tombée, tandis que les carillons des hauts clochers rythmaient leurs pas de leurs chants grêles et tristes. Apparemment, leurs rendez-vous semblaient toujours aussi délicieux. Catherine accueillait Potemkine lovée sur les sofas dorés du palais, vêtue d'un seul caftan court bordé de zibeline, dans le style des khans tartares. Il aimait rester à côté d'elle, dans la pénombre, à contempler ses cils noirs, sa bouche sensuelle. Il arrivait même qu'il redevienne alors l'amant vigoureux dont elle désirait tant les caresses. Mais de plus en plus souvent, il coupait court à ces griseries et lui proposait de partir en promenade. Alors, ensemble, incognito, ils sillonnaient les rues de Moscou. Mais de retour à Saint-Pétersbourg, Potemkine devint plus changeant et plus capricieux que jamais. Habituellement volubile, il restait plongé dans d'interminables silences, l'humeur noire et mélancolique. Il ne supportait plus de voir personne, hormis la souveraine, et il désirait la voir tout le temps. Il voulait la savoir à côté de lui, dans la pièce même où il s'agitait, alors qu'elle était accablée sous la charge de l'État. « Pour toi, lui écrivait-elle, la tranquillité est un état d'âme absolument insupportable. » Et lorsqu'il l'appelait à son secours : « Mon mari chéri m'a demandé : Où puis-je aller, que dois-je faire ? Mon cher époux bien-aimé, venez me voir tout de suite et je vous accueillerai comme toujours les bras ouverts… » Ou encore : « Sache que tu es à jamais dans mes pensées. »

Mais le beau général n'était plus aussi amoureux qu'avant ; il allait et venait, sombre et dépressif, et dès lors décidé à provoquer une rupture sans jamais révéler son intention. Autour d'eux, la tension devenait électrique, au point qu'en 1776 les diplomates étrangers, notamment l'attaché de l'ambassade française, Marie-Daniel de Corberon, rapporta à son gouvernement qu'une tempête était sur le point d'éclater dans les corridors dorés des palais impériaux russes. Catherine commençait à envisager leur séparation. Elle avouait : « Mon grand amour pour toi m'effraie, tant pis, je trouverai le moyen d'y résister », et formulait déjà les réactions qu'elle redoutait chez elle, et promettait : « Je tâcherai de cacher mes flammes. »

Pendant quelques mois encore, elle tenta de garder son mari auprès d'elle et de raviver sa flamme, en évitant que les forces obscures de la raison d'État se mêlent au drame qu'elle pressentait. « Ne mélangeons pas les affaires d'État et les affaires de cœur », suppliait-elle. Et puis, alors que de 1774 à 1776 Grigori Potemkine n'avait pas quitté Catherine un seul jour, il disparut de la cour du jour au lendemain, et resta invisible du 21 mai au 2 juin puis du 20 juin au 24 juillet 1776. Alors, il revint une dernière fois, pour déclarer qu'il n'était plus intéressé par rien sur cette terre, et encore moins que tout, par la gloire.

*

« Pardonner. Accepter les défauts de l'être aimé et connaître les limites de cette acceptation. Ne pas se montrer tyrannique. Il y a une puissance infinie dans la douceur d'une femme. Ne jamais se gausser d'une rivalité ni la provoquer. Si la rupture est inévitable, savoir partir sans s'attarder aux adieux. La colère fond sous l'effet du temps comme glace aux rayons du soleil. Laisser au trompeur le temps de concevoir l'indignité de son acte, s'abstenir de le relever. Le temps donne souvent à l'amour les ailes d'Icare. Elles se brûlent au soleil d'une passion trop exclusive. Le temps peut aussi être un allié. Se distraire de toute jalousie et se consoler des bassesses du monde en s'occupant de choses qui le méritent vraiment. Et, si l'on ne peut décidément pardonner, tromper qui vous trompe, mais sans jamais se tromper soi-même. »

En écrivant ces mots, Catherine la Grande songeait-elle à infliger une vengeance ou à lancer un ultimatum à Potemkine ? Il arrive, après quelques péripéties, que les aventures renforcent le lien conjugal, l'inconstance permettant de comprendre que ce n'est pas mieux ailleurs. Mais elle peut aussi conduire à la catastrophe ! En raison de son intensité même, leur passion physique n'aurait certes pu durer. Cependant, croire que Catherine allait répudier son époux secret était mal la connaître. Si elle se sentait prête à perdre un amant sans pareil, elle n'était pas résolue à renoncer à son complice, son ami préféré, son époux chéri avec qui elle gouvernait la Russie et qui lui écrivait : « Mon âme sans prix, tu sais bien que je suis tout à toi et que tu es la seule. Je te suis fidèle jusqu'à la mort. C'est pour cette raison que je défends tes intérêts mais aussi parce qu'il me plaît de le faire. La chose qui m'est la plus agréable est de te servir et de t'être utile. Ayant fait tout pour moi, tu n'auras jamais à le regretter. »

En politique comme en amour, il faut bien plus de talent

pour garder ses conquêtes qu'il n'en a fallu pour les obtenir. Certes, Catherine était une femme de feu qui disait volontiers ne pas pouvoir se passer plus d'une heure des caresses de Potemkine. Ne lui avait-elle pas déjà annoncé, au mois de décembre 1775 : «Je suis totalement comblée par tes caresses, et bien sûr c'est mon réconfort, mais tout passera, même ma sensualité sans fond s'épuisera.» Dès lors, Catherine employa toute son intuition et toute son intelligence à éviter que la situation entre eux ne prenne un tour dramatique et irréversible. En femme de tête, elle sut maîtriser son instinct de domination – à la fois féminin et impérial.

Après ce fameux dîner où son époux lui annonça qu'il renonçait à tout, Catherine ordonna qu'on prépare son traîneau à cinq places, et elle invita Potemkine à l'accompagner. Les pieds au chaud dans une chancelière de peau d'ours, sa pelisse de satin doublée de zibeline la protégeant jusqu'au menton, l'impératrice pressait son manchon sur sa poitrine. Tandis que la voiture glissait sur les berges de la Neva, elle exposa à Potemkine les transformations qui s'étaient opérées en elle. Si elle avait renoncé à la possession exclusive, Catherine ne pouvait se passer ni de lui ni de leur complicité ; aussi était-il temps de déposer les armes et de construire de nouvelles relations. Ils étaient libres, et libérés l'un de l'autre, du moins des rets de leur passion. Et dès lors, l'impératrice s'autorisait à vivre pour elle-même. Quelque temps plus tard, Potemkine reçut ce billet énigmatique : «Aujourd'hui, si la fièvre ne te retient pas chez toi et que tu reviens me voir, tu remarqueras des changements dans mes appartements.»

*

Catherine répétait souvent : « Faire face. » C'était ce à quoi elle s'était toujours obligée depuis son accession au trône. Faire face aux complots, aux défaites, aux machinations, aux désillusions. Il lui fallait faire face, pour la première fois, au désamour de l'homme qu'elle avait éperdument aimé, et qu'elle aimait encore. Elle avait ses recettes. En ce mois d'octobre 1776, quelques semaines après le retour de la cour à Saint-Pétersbourg, Piotr Vassilievitch Zavadovski recevait le statut officiel d'adjudant en chef auprès de l'impératrice.

Le diplomate français Antoine Leroy-Beaulieu, témoin de cette nouvelle intronisation amoureuse, déclara alors : « La tsarine demeure européenne jusque dans ses vices. » Mais pouvait-il comprendre l'esprit impérieux de cette femme, fidèle à cet homme qui restera le plus puissant de l'Empire pendant les dix-sept années qui suivirent ce que certains étaient en droit de considérer comme une rupture ? Au lieu de quoi, il s'établit entre eux une relation pour le moins insolite. En séparant les sens et la raison, l'amour et le corps, en consacrant dans les affaires de l'État et dans sa vie l'omniprésence de Potemkine, Catherine parvint à réunir la passion et l'équilibre ; elle établit une étrange dialectique où coexistaient romantisme et sagesse, durée et coups de foudre.

Potemkine approuvait la conduite amoureuse de Catherine et l'avait même encouragée dans ce sens. Avec ce compromis, le couple impérial établit une sorte de contrat qui laissait à chacun sa liberté sensuelle, et préservait leur union dans la complicité et le partage du pouvoir. Mais cette affinité, cette complicité allait bien au-delà encore, car elle impliquait aussi le partage des désirs, des envies et des fantasmes. Jusqu'à sa mort, Potemkine donnera son aval sur le choix des amants de Catherine. Il approuva Semion Zoritch, surnommé Adonis par les dames de la cour, et qui aura la bêtise de chercher querelle à Potemkine – Catherine le congédiera sur-le-champ. Il y eut Korsakov, inculte et prétentieux dont elle se lassa aussitôt et qui fut très vite exilé. Il y eut encore Alexandre Lanskoï, le militaire au visage d'ange qui la rendit heureuse mais qui mourut dans ses bras d'une overdose d'aphrodisiaques à vingt-quatre ans. Pour la distraire de l'immense chagrin dans lequel cette disparition la plongea, Potemkine se mit en chasse d'un consolateur, et il lui jeta dans les bras un beau lieutenant de la garde à cheval, Yermolov, qu'elle gardera auprès d'elle pendant seize mois, jusqu'à ce qu'elle rencontre Platon Zoubov, vingt-sept ans, de trente-huit ans son cadet, et dont elle se toqua comme une gamine : «Je suis revenue à la vie comme le fait une mouche, écrivit-elle à Potemkine. Maintenant, je me sens bien et joyeuse à nouveau.» Et de se moquer tendrement de son «bébé», qui «pleure lorsque l'accès à ma chambre lui est refusé» ! Pour la première fois, Potemkine se sentit menacé par ce jeune homme ambitieux, avide d'honneurs et d'argent, mais quoi qu'il fît pour l'écarter de Catherine, il n'y parvint jamais. Il sut alors qu'il avait perdu la partie. À la mort de Potemkine en 1791, Catherine confia à son nouveau favori le poste de gouverneur général de la Nouvelle Russie, qu'occupait jusque-là son mari.

Sachant que, pour réussir, dans les affaires de l'État comme en amour, il faut savoir partager, l'impératrice et le prince récompensaient largement ces troisièmes larrons. Tous les favoris furent ainsi intégrés dans le cercle du pouvoir. Ils aidèrent Catherine à renforcer la stabilité de son trône qui, au début, était incertaine. En amour comme en politique, elle sut utiliser les hommes expérimentés comme les jeunes garçons pleins d'énergie et d'ambition ainsi, rappelons-le encore une fois, qu'elle s'en ouvrira plus tard, dans une lettre à Grimm : « Pour moi aucun pays ne manque d'hommes, le problème n'est pas de savoir les trouver mais d'utiliser ceux qu'on a sous la main… »

Dans l'amour, il y a toujours un angle majeur, une sorte de point d'attache, une base. Paradoxalement, le pilier n'en a pas été Catherine. En vérité, le véritable stratège était Potemkine. Le gigantesque pouvoir qu'il détenait suscitait la jalousie et la haine. Car dans les affaires d'État, c'était lui qui décidait le plus souvent. On le disait ambitieux ; la définition ne lui convenait pas tout à fait. Il était plutôt un conquérant chroniquement insatisfait : rien ne le comblait jamais totalement ; ni l'argent, ni la puissance, ni même l'amour. Fut-il un éternel inquiet, un romantique avant l'heure ? Peut-être, et en tout cas, cet homme d'État avisé fut incontestablement le véritable inventeur de l'Empire de Russie, devenu sous le règne de Catherine l'un des plus puissants d'Europe. Sous son commandement, le pays élargit considérablement ses frontières.

Potemkine obtint de Catherine les pleins pouvoirs pour transformer les steppes parfumées du Sud et entreprendre des travaux sans précédent dans ces régions, à l'époque désertiques. Bâtisseur de villes et de ports, fin diplomate, il conclut au nom de l'impératrice toute une série d'accords garantissant de nouvelles conquêtes. Gouverneur général d'Astrakan, il repoussa les limites du possible et construisit en pleine steppe une ville gigantesque à la gloire de sa bien-aimée. Pourtant, curieusement, l'histoire retiendra le nom de Potemkine à cause de ces fameux villages en trompe-l'œil créés dans la Crimée nouvellement reconquise, dans le seul but d'éblouir Catherine et le train de ses ambassadeurs. On raconta que de faux habitants avaient été amenés et placés devant de faux villages, tout le long du fleuve qu'elle descendait en bateau, pour acclamer la souveraine. Les mémorialistes ont beaucoup insisté sur cet épisode afin de présenter l'instigateur de cette folie comme un courtisan malin et sans scrupule – puis on s'aperçut que tout était faux. On sut plus tard que cette légende avait été inventée de toutes pièces par Georg von Helbig, un diplomate saxon enragé à discréditer la politique de Potemkine. Au reste, les résultats de ses actions ainsi que sa fidélité à l'impératrice témoignaient du contraire de ce que prétendaient ces calomnies. Potemkine fut plus intelligent que malin et beaucoup plus scrupuleux qu'on a voulu le prétendre.

Peu avant qu'il meure, Catherine lui écrivait encore : « Il me semble que je ne t'ai pas vu depuis un an, il est bien temps pour toi de revenir chez nous. Vraiment, mon ami, les ours de vos forêts ne vous apprécient pas autant que nous vous apprécions.

[Dans la même lettre, tantôt elle le tutoie, tantôt elle le vouvoie.] Est-ce bien de quitter ses amis et de se retirer dans les forêts vierges ? Avant-hier, en apercevant de lourds nuages, je me réjouissais tant, j'espérais qu'ils vous chasseraient des forêts. Adieu, mon cher ami, portez-vous bien. Adieu, mon beau Faisan, je vous aime… Adieu. Tristesse… amour. » Grigori Potemkine mourut de maladie le 5 octobre 1791, et Catherine II lui survécut pendant cinq ans, jusqu'en 1796. On dit qu'après sa mort elle ne fut plus jamais joyeuse, et qu'elle perdit définitivement sa fraîcheur.

*

Récemment, je me trouvais dans le midi de la Russie et je visitais un petit cimetière abandonné, envahi par les herbes folles et les fleurs sauvages. Au loin, la steppe multicolore ondulait sous un vent léger. J'entrai par curiosité dans une chapelle délabrée construite en brique rouge, et le couple d'amoureux qui se promenait entre les tombes m'emboîta le pas. À l'intérieur, il faisait sombre et le toit, percé d'une multitude de petits trous, laissait passer le soleil en une infinité de rayons qui dessinaient sur les dalles d'étranges formes. Derrière moi, le couple âgé d'une quarantaine d'années se tenait par la main sans bouger. Intrigué par les milliers de graffitis gravés sur les murs, je rompis le silence et demandai à qui était dédiée cette chapelle.« À saint Grégoire », dit l'homme. Sa compagne lui jeta un regard attendri, puis elle pencha la tête sur l'épaule de son compagnon avant de me dire, dans un sourire : « Les gens du village disent qu'elle est aussi dédiée à l'amour parce qu'on a enterré ici le cœur du prince Potemkine, l'un des deux amoureux les plus célèbres de Russie. »

N'était-ce pas là, pensai-je, le plus beau monument pour cet homme qui n'en a jamais eu, et dont les restes furent dispersés par Paul Ier de Russie, le fils de Catherine, dès qu'il accéda au trône ?

– Qui est donc l'autre amoureux célèbre ? demandai-je.

– Mais c'est Catherine II, bien sûr ! répliqua la femme avec un léger haussement d'épaules… Qui voulez-vous donc que ce soit ?

Katia, la passion d'un tsar

DANS SON *VOYAGE EN RUSSIE*, Théophile Gautier nous a laissé du tsar Alexandre II (1818-1881), qui régna sur son immense Empire à partir de l'an 1855, un portrait avantageux :

« L'empereur Alexandre II portait ce soir-là un élégant costume militaire qui faisait valoir sa taille haute, svelte, dégagée. C'était une sorte de veste ou de jaquette blanche descendant jusqu'à mi-cuisse, à brandebourgs d'or, bordée en renard bleu de Sibérie au col, aux poignets et sur le pourtour, étoilée au flanc par les plaques des grands ordres. Un pantalon bleu ciel, collant, moulait les jambes et se terminait à de minces bottines. Les cheveux de l'empereur sont coupés ras et dégagent son front uni, plein et bien formé. Ses traits sont d'une régularité parfaite ; le bleu de ses yeux prend une valeur particulière des tons bruns de la figure, moins blanche que le front à cause des voyages et des exercices en plein air. Les contours de la bouche ont une netteté de coupe et d'arête tout à fait grecque et sculpturale, l'expression de la physionomie est une fermeté majestueuse et douce qu'éclaire, par moments, un sourire plein de grâce. »

Et il est vrai qu'il était très beau, ce tsar qui reçut très vite le surnom de « Libérateur », pour avoir tenté d'initier un printemps russe dans l'empire dont il héritait, ruiné par la guerre de Crimée, paralysé par l'archaïsme de ses structures, dépassé par la vastitude de son territoire et dévasté par les famines et l'incapacité de son administration par ailleurs corrompue. Alexandre Nikolaïevitch avait été élevé dans le strict objectif de gouverner un pays que son père, le tsar Nicolas Ier, avait terrorisé par son absolutisme, son ultraconservatisme et les répressions sanglantes de la moindre opinion contraire à son règne. Détesté par la population, par les artistes, les intellectuels comme par la bourgeoisie et la noblesse libérales, il avait récolté le surnom bien peu flatteur de Nicolas Bâton... Il avait confié l'éducation du jeune tsarévitch, âgé de six ans à peine, aux bons soins du capitaine Karl Mörder avec un objectif : qu'il acquière sous la coupe de ce militaire, ancien combattant, pétri de discipline et d'esprit réactionnaire, une volonté de fer et la bravoure d'un vrai soldat. Fort heureusement, sa mère, la grande-duchesse Charlotte de Prusse, avait adouci ces rigueurs en lui offrant pour précepteur le poète libéral Vassili Joukovski, l'inventeur du romantisme russe. Cette influence lui fut bénéfique, si l'on en croit l'historien Ivan Golovine : « Ce qui est certain, écrit-il à propos du grand-duc héritier du trône, c'est qu'il a bon cœur, et c'est beaucoup. Enfant encore, son père lui demanda ce qu'il eût fait des conjurés du 14 décembre – “Je leur aurais pardonné”, répondit le tsarévitch. On lui trouve beaucoup de ressemblance avec son oncle Alexandre, ce qui parle aussi en sa faveur. »

Au retour de son grand voyage d'études à travers toute l'Europe, puis à travers la Russie où il put constater l'état de son empire, il restait à Alexandre Nikolaïevitch, pour parfaire son entrée dans l'âge d'homme, et en attendant de succéder à son père, à trouver une épouse. Il repartit donc, le 20 mai 1838, faire la tournée des cours européennes pour rencontrer les princesses à marier dont on avait établi la liste au terme de nombreuses tractations diplomatiques. Il n'y avait plus une capitale qui n'attendît sa visite dans la fièvre, ni une jeune princesse à qui on n'eût pas fait la leçon. Mais la majorité d'entre elles furent déçues. Le tsarévitch qui avait vingt ans était à Darmstadt, au théâtre, et rien de ce qui se passait sur scène ne l'intéressait. L'objet de sa stupéfaction était sagement assis dans une loge – une jeune fille à la peau de lait encadrée de bandeaux d'un noir d'ébène, le regard bleu noyé de mélancolie. Il la revit le lendemain, au bal donné en son honneur, et un friselis de réprobation secoua l'assemblée lorsqu'on le vit l'inviter à danser. Pourquoi l'avait-on conviée à cette réception ? Il était de notoriété publique qu'elle était l'enfant adultérine du baron August de Grancy, et non du mari de sa mère, le grand-duc Louis II de Hesse dont elle portait néanmoins le patronyme. Avec son frère Alexandre, ils étaient nés une quinzaine d'années après leurs aînés. S'il les avait reconnus, le grand-duc de Hesse les avait tous deux tenus à l'écart de la cour de Darmstadt. Ils vivaient à Heiligenberg et Marie était traditionnellement l'oubliée des listes d'invités qui réunissaient, depuis son enfance, la jeunesse de la haute aristocratie.

Mais ce soir-là, sous les lustres brillamment éclairés, la jeune princesse de Hesse et du Rhin, qui venait de fêter ses quatorze ans, triomphait. L'héritier du trône impérial était en train de tomber éperdument amoureux d'elle. Elle valsait légèrement penchée en arrière, les yeux baissés. Elle glissait sur la pointe de ses souliers de soie comme dans un rêve et son bras ganté de blanc jusqu'au coude dessinait une courbe si gracieuse qu'il semblait le cou d'un cygne.

– Inutile de prolonger notre voyage, annonça le tsarévitch à son chef du protocole le soir même. J'ai fait mon choix. J'épouserai la princesse Marie de Hesse si elle veut bien me faire l'honneur de m'accorder sa main.

La nouvelle se répandit comme une traînée de poudre. On ne voulut pas croire à la rumeur. Qui permettrait cette mésalliance, alors que le futur empereur était invité à faire son choix parmi les héritières des plus illustres familles princières ? Qui voudrait épouser la fille d'une femme – Wilhelmine de Bade – dont l'inconduite était notoire et qui avait provoqué l'un des scandales les plus retentissants du grand-duché de Hesse, en trompant ouvertement le grand-duc avec le baron de Grancy ? La fille qui était née de ces relations coupables avait été écartée de la liste des princesses à marier. On en était certain : jamais le tsar Nicolas Ier ne tolérerait une telle mésalliance. On se trompait. Nicolas autorisa le mariage. Marie n'était-elle pas une lointaine cousine ? Sa tante maternelle, Louise-Augusta de Bade, n'avait-elle pas été l'épouse du tsar Alexandre Ier ? À la stupéfaction générale, non seulement il autorisa son fils à faire la cour à Marie, mais il déclara avec panache :

– Que quelqu'un ose dire en Europe que l'héritier du trône de Russie est fiancé à une fille naturelle !

C'est ainsi que les fiançailles eurent lieu un an et demi plus tard, au printemps de l'année 1840. Le 8 septembre de la même année, Marie entrait solennellement à Saint-Pétersbourg dans un carrosse doré au côté de l'impératrice. Six mois plus tard, Marie, devenue Maria Alexandrovna après sa conversion à l'orthodoxie, épousait Alexandre. Elle avait seize ans. Elle était ravissante, touchante et douce, comme en témoigne le portrait peint par Winterhalter que conserve le musée de l'Ermitage.

À la mort de son père, le 2 mars 1855, Alexandre II devint empereur de toutes les Russies. Le 7 septembre 1856, le jour du couronnement qui eut lieu à Moscou dans la cathédrale de la Dormition, au cœur du Kremlin, Marie, son épouse, avait revêtu une robe de brocart blanc, barrée du grand cordon rouge de l'ordre de Sainte-Catherine. Elle était coiffée à la russe, deux tresses relevées autour de son visage de lis, coiffées pour recevoir le lourd diadème impérial que le tsar lui posa sur la tête, avec une lenteur solennelle. Un collier de trois rangs de perles et des diamants ornaient sa gorge. Mais, au moment le plus recueilli de la cérémonie, alors qu'elle se relevait de sa génuflexion, sa couronne glissa, et tomba sur les tapis de soie et d'or. Au comble de la confusion, accompagnée du long murmure de la cour, Marie la ramassa, la reposa sur ses cheveux et, désespérée, murmura tout bas à l'intention du grand maréchal de la cour :

– C'est le signe que je ne la porterai pas longtemps…

En vérité, personne ne voulut vraiment voir dans cet incident un signe de mauvais augure. Aucun nuage n'assombrissait le bonheur du couple impérial. Ensemble, ils vivaient un parfait amour depuis seize ans déjà, dont témoignait la naissance de six des huit enfants que Marie donnerait au tsar. Mais elle était d'une santé fragile et la naissance du huitième et dernier héritier – le petit Paul Alexandrovitch, en 1860 – fut difficile et la laissa tellement exsangue que les médecins lui annoncèrent qu'elle ne survivrait pas à une grossesse de plus. La tsarine dut se résoudre à interdire son lit à son époux. Alexandre II s'inclina, bon gré mal gré, devant l'ordonnance des médecins.

Un autre souci rongeait Marie. La santé de son fils bien-aimé, le tsarévitch Nicolas, commençait à se détériorer. Ni les bains, ni les cures, ni les potions n'y faisaient rien. Lorsqu'on comprit qu'il était sans doute atteint de tuberculose, il était trop tard. Très affaibli, il partit avec sa mère dans le sud de la France, à Nice, où il mourut à l'âge de vingt et un ans, victime d'une méningite foudroyante. Ce décès plongea la tsarine dans une détresse atroce, puis dans une mélancolie profonde, contre laquelle le tsar se sentait impuissant. De retour à Saint-Pétersbourg, elle se retira dans ses appartements, protégée du monde par ses meubles favoris offerts jadis par Marie-Antoinette, et ses tableaux de Murillo, de Ruysdael ou de Raphaël auxquels elle se mit à préférer la contemplation des icônes qu'elle accumulait autour d'elle sans se lasser. Seule l'exaltation religieuse semblait capable de la sortir de sa prostration. Elle ne quittait le palais que pour de brèves visites de charité, et au moment de Pâques. Là, elle suivait les coutumes du peuple russe, la joie du «Christ ressuscité», la tradition des œufs peints, les prières du rite orthodoxe. Quoiqu'elles lui fussent très attachées, ses demoiselles d'honneur regrettaient son enfermement et son absence d'éclat, son désintérêt pour toutes ses obligations de souveraine et l'éloignement qu'elle manifesta vis-à-vis de ses propres enfants après la disparition du tsarévitch.

Le tsar lui-même s'assombrissait. La mort de son fils, l'état de santé physique et mental de sa femme qui, désormais, passait le plus clair de son temps en compagnie de son confesseur, mais aussi la conduite des affaires de son pays dans un état insurrectionnel presque permanent, l'accablaient. La noblesse ne lui pardonnait pas l'oukase qu'il avait prononcé quatre ans plus tôt, le 19 février 1861, pour enfin abolir le servage, qui avait affranchi plus de vingt millions d'âmes. Et la paysannerie n'était pas plus reconnaissante : le bouleversement économique provoqué par cette réforme avait ruiné les grands propriétaires et chassé vers les villes les paysans, privés de moyens pour acheter des terres, et de toutes les protections auxquelles ils étaient habitués. Les faubourgs de Moscou se peuplaient de miséreux qui commençaient à constituer le premier prolétariat du pays. Partout, des mouvements révolutionnaires manifestaient leur résolution à faire tomber le régime. Fut-ce l'influence des mécontentements s'accumulant dans son empire ou, plus simplement, les malheurs d'un homme comme les autres qui le poussèrent à murmurer cette phrase laconique, qui en disait plus long sur ses états d'âme que n'importe quel discours : « Tsar… Quel curieux destin. Tout posséder et ne rien avoir… » ?

*

En vérité, à quarante-sept ans, le tsar Alexandre Nikolaïevitch avait perdu tout enthousiasme à vivre, et il subissait dans la morosité l'enchaînement des jours, sans que rien ne s'annonce dans sa vie qui pourrait lui redonner un peu de joie, de satisfaction ou d'espoir. C'est alors, un jour de cette année 1865, que l'impératrice lui demanda de l'accompagner dans une visite de bienfaisance à l'Institut Smolny. Ce pensionnat avait été créé en 1764 pour recueillir les jeunes filles nobles afin de leur dispenser, à l'image des demoiselles de Saint-Cyr en France, la meilleure des éducations. L'État prenait à sa charge l'entretien de certaines d'entre elles, quand leur famille était notoirement désargentée et ne pouvait pourvoir à l'enseignement auquel leur naissance les autorisait à prétendre : l'apprentissage du français, de la danse, de la musique, et les règles les plus strictes du maintien et de la conversation. L'Institut dominait un bras de la Neva, et ses bâtiments, qui avaient été reconstruits en 1806 par l'architecte italien Giacomo Quarenghi, contrastaient par la grande sobriété de leurs formes avec la collégiale toute proche de la Résurrection, œuvre de Rastrelli, dont la façade polychrome bleu, blanc et or constituait un exemple éclatant du baroque russe. Mais ni leur beauté ni la limpidité du ciel ne pouvaient plus distraire l'un et l'autre des deux souverains, ni les arracher à leur indifférence.

Parmi les élèves de ce pensionnat, les sœurs Dolgorouki ne passaient pas inaperçues. La blondeur délicate de la cadette était certes remarquable mais elle n'égalait pas le teint d'ivoire et les magnifiques cheveux auburn de l'aînée, Catherine. Elles étaient nées dans une famille de huit enfants dont l'ancêtre, le glorieux prince Youri Dolgorouki, avait fondé Moscou. Leur père, ruiné par le jeu et l'appauvrissement de ses revenus agricoles, avait dû se séparer de ses filles et confier leur éducation à la charité du tsar.

Comme on peut l'imaginer, la visite annuelle du couple impérial était un événement qu'on préparait dans chacune des classes de l'Institut. Il s'agissait de ne commettre aucun impair avec le protocole, et de ne pas répondre par des bévues aux questions que les souverains pourraient poser aux élèves. C'est avec l'idée de ces incidents toujours possibles que la surveillante convoqua Catherine et lui tint ce langage :

– Ma petite fille, ce jour est très important et je compte sur votre bonne conduite. Tâchez d'éviter les rires et l'agitation qui vous caractérisent. Et surtout, disciplinez votre chevelure trop flamboyante. N'oubliez pas que vous êtes une petite fille.

Le feu aux joues, l'élève baissa la tête comme si elle allait pleurer, avant de relever les yeux et de protester d'un air résolu :

– Mais, mademoiselle, je suis presque une femme !

À l'heure du thé, la surveillante rapporta cette petite anecdote au couple impérial qui en fut amusé.

– Comment s'appelle-t-elle ? demanda le tsar.

– Dolgorouki.

– Ah ! C'est donc l'une de mes pupilles, intervint la tsarine. Pouvons-nous la rencontrer ?

La jeune Catherine Dolgorouki fut donc introduite dans le salon d'apparat. Elle s'inclina devant les souverains, avec un mélange de grâce joyeuse, de langueur et de légère pruderie qui signaient, de façon éclatante, toute sa féminité et ses dix-sept printemps. Comme à Darmstadt, vingt-sept ans plus tôt, Alexandre fut saisi, comme foudroyé par cette apparition qu'il ne put oublier. De retour au palais d'Hiver, dans la tristesse de ses appartements, c'était encore l'image de Catherine Dolgorouki qu'il avait en tête et qui commença de le hanter. Et ce fut ainsi, par ce bel après-midi de septembre, qu'une des plus grandes histoires d'amour du siècle commença d'éclore. Si brûlante, sauvage puis dramatique dans sa fin que nul ne put l'oublier, et qu'un siècle plus tard, Danielle Darrieux puis Romy Schneider incarneraient au cinéma Catherine Dolgorouki, la ravissante écolière qu'Alexandre allait appeler Katia.

*

Catherine Dolgorouki avait-elle, de son côté, oublié son souverain ? Quelques mois après leur rencontre à l'Institut

Smolny, elle achevait ses études et dut quitter le pensionnat. Mais plutôt que de regagner la lointaine propriété familiale où végétait son père après le décès de sa femme, elle resta à Saint-Pétersbourg, au domicile de son frère Michel, officier dans l'armée impériale. Michel Dolgorouki avait épousé une marquise napolitaine dont la rumeur disait qu'elle était la fille naturelle du prince Léopold des Deux-Siciles. Le tsar avait-il tenté de reprendre contact avec Catherine après sa visite ? L'installation chez son frère, en compagnie de son amie de pension Barbara Shebeko, était-elle un hasard, ou la conséquence de la ruine consommée de son père ? Ou bien cette jeune compagne avait-elle d'ores et déjà été mandatée par le Palais ? Toujours est-il que Barbara, que Catherine appelait familièrement Vava, se positionna d'emblée comme le chaperon – autant dire l'entremetteuse – de Catherine Dolgorouki. Dès les beaux jours, quelques semaines après la visite à l'Institut Smolny, on put voir les deux jeunes filles en promenade dans les jardins du palais d'Été, qui s'étendaient sur les berges d'un bras de la Neva, la rivière Fontanka. Ouverts au public, ils étaient devenus le lieu de promenade où se pressait toute la bonne société de la ville. C'est là, entre les parterres fleuris de roses et de compositions parfumées et les statues appuyées aux bosquets qu'elles croisèrent le tsar. Il s'arrêta aussitôt pour les saluer, et engagea la conversation avec Catherine, sur un mode qui ne permettait aucune méprise – celui de la conquête amoureuse.

Jour après jour, les promenades se répétèrent, et les rencontres aussi. Quelles qu'aient été sa naissance et son éducation, Catherine ne se formalisa pas des intentions à peine voilées du tsar, ni qu'il fût marié, ni même qu'il eût trente ans de plus qu'elle. Elle était ensorcelée par cet homme qui ne lui cachait ni ses désirs ni la force de ses sentiments, et ne vivait plus que pour ces moments. Mais les convenances, son instinct aussi, son amie Barbara lui recommandaient encore de ne pas céder trop vite. Le jeu de cache-cache dura ainsi jusqu'au printemps. À la fin du bel après-midi du 16 avril 1866, dans les jardins du palais d'Été, elle venait de quitter comme à l'accoutumée le tsar, tout amollie par le feu de la rencontre et la tiédeur du vent. La voiture impériale avait disparu de sa vue. C'est alors qu'elle entendit un coup de feu. La foule des passants se mit à courir autour d'elle et très vite, l'horrible nouvelle se propagea : on avait tiré sur le tsar !

Alexandre II venait d'échapper miraculeusement à la mort. Sa voiture avait ralenti pour franchir les grilles du jardin quand on tira sur lui, presque à bout portant. L'assassin ne pouvait manquer sa cible, mais la balle avait heureusement été déviée de sa trajectoire par un charpentier qui avait bousculé au bon moment le criminel. Catherine fut profondément secouée par cette nouvelle, et nul doute que les dernières barrières que sa vertu avait érigées entre elle et cet homme qu'on cherchait à abattre s'écroulèrent sous le choc. Aussi, lorsque le tsar lui proposa enfin un rendez-vous sans équivoque, elle s'y rendit.

La rencontre fut organisée le 13 juillet, à la résidence impériale de Peterhof, au bord de la mer Baltique, à quelques kilomètres de Saint-Pétersbourg, celle-là même où la Grande

Catherine avait invité Grigori Potemkine. Le tsar attendait Catherine au belvédère de Babygone, une délicieuse folie à colonnades construite au fond du parc par Pierre le Grand. C'est là que Catherine Dolgorouki succomba au désir de son empereur. Il sortit de ses bras fou d'amour : « Je me sens tout imprégné de notre délicieuse soirée d'hier et de nos *bingerles* délirants qui nous ont fait jouir à crier. »

Que signifiait *bingerles*, qui reviendra dans toute la correspondance rédigée en français, et que par mesure de sécurité le tsar ne signait jamais, sauf par cette formule qui lui tenait lieu de paraphe : « À toi pour toujours ? » La réponse de Catherine lève tous les doutes, s'il y en avait. Ces *bingerles*, « qui les ont fait jouir à crier », ce sont leurs ébats : « Je t'aime à la folie, mon cher ami délirant, ma vie, mon tout, et cela déborde de moi [...]. Je n'en reviens pas du bonheur de t'avoir revu hier et avoir tant joui vraiment de ce délice qui n'a pas de nom, et certes rien au monde ne peut y être comparé. »

C'est que, si Marie de Hesse avait la réputation d'être aussi timide au lit qu'effacée dans la vie, Catherine Dolgorouki avait un tempérament de feu. Pour le tsar, c'est l'amour aussi fou qu'inattendu et sensuel, au point que, au moment de quitter sa jeune maîtresse, ce soir-là, il lui fit par écrit la promesse qu'il ne pourra tenir que quatorze ans plus tard : « Aujourd'hui, hélas ! je ne suis pas libre, mais à la première possibilité, je t'épouserai, car je te considère, maintenant et pour toujours, comme ma femme devant Dieu... À demain. Je te bénis ! »

À demain ? Mais où la retrouver ? La solution la plus discrète était que Catherine le rejoigne au palais d'Hiver. Il ne pouvait s'absenter tous les soirs. Outre l'impossibilité pour lui de disparaître de ses appartements sans donner l'alarme, il restait menacé par les mouvements révolutionnaires, comme l'en informait la police secrète. Ni lui ni Catherine n'avaient oublié l'attentat avorté du mois d'avril. Aussi le tsar lui confia-t-il la clé d'une porte dérobée qui conduisait à un couloir discret, puis à une chambre reliée à ses appartements par un escalier secret où il pouvait la rejoindre tout à loisir sans attirer l'attention, et qu'elle pouvait quitter à l'aube, cachée dans le flot des domestiques, des marchands et des visiteurs du palais.

Chaque jour, matin et soir, le tsar écrivait à Catherine. Il lui écrivait des pages entières embrasées par sa passion : « N'oublie pas que toute ma vie est en toi, Ange de mon âme, et que le seul but de cette vie est de te voir heureuse autant qu'on peut être heureux en ce monde. Je crois t'avoir prouvé, dès le 13 juillet, que quand j'aimais quelqu'un véritablement, je ne savais pas aimer d'une manière égoïste… Tu comprendras que je ne vivrai plus que dans l'espoir de te revoir jeudi prochain dans notre nid. »

Et ce nid, il était obsédé par le désir de le rejoindre et d'y rester le plus longtemps possible. Une passion réelle, charnelle, qui se renouvelait à chaque rencontre dans les plaisirs débridés de la chair, allait sceller leur destin. Ils devinrent imprudents. Lorsque le frère de Catherine rejoignit sa garnison accompagné de son épouse, la marquise de

Cercemaggiore, on vit le tsar entrer dans l'appartement des Dolgorouki où déjà il faisait scandale que la jeune Catherine restât seule. On la reconnut au palais, et bientôt, la cour, alertée par le changement radical d'humeur du souverain, redevenu alerte et gai, et extrêmement coquet comme il l'était dans sa jeunesse, s'enquit des raisons de cette métamorphose. Très vite, elle eut connaissance des amours clandestines de l'empereur. Lorsque la rumeur parvint aux oreilles de la marquise de Cercemaggiore, celle-ci décida aussitôt d'éloigner la jeune fille de son impérial amant, et elle l'emmena dans sa famille, à Naples. Mais l'empereur de toutes les Russies n'était pas de ceux qu'on pouvait mettre devant le fait accompli. La séparation exacerba le désir qu'il avait de « Katia ». Et puisqu'il devait lui-même se rendre à Paris pour l'Exposition universelle de juin 1867, il somma les Dolgorouki de quitter Naples et de le rejoindre à Paris. Pouvaient-ils désobéir ?

À Paris, Napoléon III avait installé son hôte, qui était venu sans l'impératrice, à l'Élysée. Tous les matins, il écrivait à sa Katia des lettres qui répétaient : « Depuis que j'ai commencé à t'aimer, aucune femme n'a plus existé pour moi… Pendant toute l'année où tu m'as si cruellement repoussé, comme pendant tout le temps que tu viens de passer à Naples, je n'ai désiré aucune autre femme, je n'en ai approché aucune. » Tous les soirs, Catherine l'y retrouvait. Elle l'y retrouva même dans la nuit du 6 juin alors qu'il venait d'échapper à un nouvel attentat. Cette fois-ci, ce fut un Polonais qui lui tira dessus, à deux reprises, alors qu'au retour d'une revue militaire, il traversait en calèche le bois de Boulogne. La balle, qui le visait, ne fit que le frôler. Il resta imperturbable devant les témoins de l'attentat, ses deux fils aînés et Napoléon III. Mais la mort qui venait de passer tout près lui fit prendre une décision irrévocable : il n'était plus question du retour de Katia à Naples, comme c'était initialement prévu. Le tsar refusait d'être de nouveau séparé d'elle. Elle revint donc à Saint-Pétersbourg.

Dans un premier temps, il l'installa avec la famille de son frère dans un bel hôtel particulier, situé quai des Anglais, à la fois plus proche du palais et mieux agencé pour leurs rendez-vous. Elle y jouissait d'une certaine indépendance : le tsar lui avait fait aménager un appartement somptueux au rez-de-chaussée qu'il lui réserva, tandis que Michel Dolgorouki et sa femme vivaient à l'étage supérieur. Il lui octroya une rente généreuse, des domestiques, des fourrures, des bijoux et des robes, et un équipage personnel. Mais la gestion des affaires politiques le retenait interminablement au palais et les lettres quotidiennes ne palliaient pas les affres de son absence. Catherine, toute à la fougue de sa passion, ne supportait pas de rester éloignée de son amant. Leurs jeux amoureux – souvent, elle posait nue pour lui dans des attitudes plus que lascives et il la croquait fiévreusement – la rendaient plus ardente et plus affamée de sa présence. (Ces magnifiques dessins impériaux sont aussi conservés dans les archives russes.) Lorsqu'il était loin d'elle, elle criait sa souffrance dans les lettres qu'elle faisait envoyer, séance tenante, au palais.

Il lui répondait, lui aussi en français, en renouvelant l'assurance de sa passion. Ainsi, le 17 janvier 1868 : « Oh ! merci, merci, mon Ange adoré, pour tout le bonheur que tu sais toujours me donner quand nous nous retrouvons ensemble. Je sens que nos délirants *bingerles* nous ont rendus encore plus fous l'un de l'autre et tu as vu et senti que la jouissance inouïe que j'éprouvais de toi était encore doublée par celle que tu partageais avec l'être qui t'appartient corps et âme et qui ne respire que par toi… » Puis, après quelques lignes en russe : « Tout ce que tu me dis, en parlant de notre triste séparation de l'année passée et de l'effet qu'elle a produit sur nous, est bien vrai. Oui, elle nous a prouvé que *rien* ne pouvait modifier notre adoration mutuelle. Aussi je n'oublierai jamais le bonheur avec lequel nous nous retrouvâmes à *Paris* et *ici*, après notre seconde séparation, où nous éprouvâmes encore plus de tourments de tous les genres. » Et plus loin : « Hélas ! Pourquoi ne pouvons-nous pas nous coucher ensemble ? Malgré la fatigue que nous éprouvons l'un et l'autre, nous n'aurions pourtant pas pu nous empêcher d'être de nouveau bien déraisonnables… »

Et le lendemain :

« Nous adorons nos *bingerles* et ils nous rendent chaque fois encore plus fous l'un de l'autre. À en juger d'après ma propre figure, la tienne ne doit être guère plus présentable que la mienne, mais nous aimons de retrouver sur nous les traces de la jouissance inouïe que nous nous donnons réciproquement »… À quatre heures de l'après-midi de ce même jour, après s'être échappé une heure de l'agenda ministériel pour la retrouver, à peine de retour dans son bureau, il lui fit envoyer une autre note : « Il faut être des fous comme nous pour se promener par un temps comme aujourd'hui, rien que pour pouvoir causer un instant et nous serrer la main et je sens que nous en avons été également heureux et étions sur le point d'oublier tout et de nous jeter dans nos bras »... En russe, il lui explique qu'il n'a pu rester car il a reçu des visites protocolaires : « Tranquillise-toi, cela s'est passé sans embrassades, dont je ne me soucie nullement, comme je l'ai dit tantôt. Oh ! que cela m'a fait plaisir, ce que tu m'as dit à ce propos toi-même : que tu savais que les autres femmes n'existaient plus pour moi. [...] Le sentiment d'être devenu ta propriété de corps et d'âme fait mon bonheur et j'en suis fier et jaloux pour toi, car je ne me regarde plus que comme ton bien, dont toi *seule* peux disposer à ta guise... Oh ! si nous avions le bonheur de nous coucher ensemble je ne crois pas que nous le serions restés et nous n'aurions pas pu nous empêcher de recommencer nos *bingerles* que nous adorons... »

Le lendemain jeudi, onze heures du matin, il répond à sa plainte d'avoir passé la nuit seule, loin de ses bras : « C'est toi *seule* que j'aurais voulu voir jour et nuit dans ma chambre, et nous aurions passé notre temps juste comme tu me l'écris. [...] Et nous aurions certes pu nous appliquer tout ce que tu dis des oiseaux inséparables. Oui, nous savons comprendre, par l'expression de nos yeux, ce qui se passe dans nos cœurs et sommes heureux de nous sentir si complètement absorbés l'un par l'autre. Oh ! avec quelle impatience j'attends le moment de notre rencontre à la promenade [...] et puis celui où nous nous retrouverons dans notre cher nid, pour oublier tout et jouir de nos *bingerles* comme des fous»... À trois heures de l'après-midi, ce même jour : «Dès que je t'aperçois tout change en moi et je me sens inondé de soleil. Il y a déjà deux ans de cela que j'ai commencé à l'éprouver, chaque fois que j'avais le bonheur de te rencontrer, mais je ne l'ai véritablement compris que le 13 juillet, quand tu me prouvas que ce que je n'avais pris que pour de la sympathie de ta part pour moi, était aussi de l'amour [...]. Quand je me retrouve avec toi il me semble que je n'ai que vingt ans»...

Enfin la nuit même, à son retour au palais, il lui écrit de sa grande écriture étirée, brûlante de passion, en l'appelant «sa Doussia», «son petit lutin», «son adorable impératrice» : «Oh ! que je suis heureux des bons moments que nous venons de passer ensemble, la seule chose qui m'a dérangé c'est que ce n'est que vers la fin que je suis parvenu à te faire partager, cher Ange, la jouissance que toi tu sais toujours me donner, mais tu sais que je n'aime pas à jouir seul de mes *bingerles*. Quant à toi, mon adorable lutin, tu m'as de nouveau prouvé que tu n'étais pas égoïste dans ton amour, en voulant me donner le délire du bonheur»... Sa satisfaction s'exprime par une phrase en russe ; elle le hante. «Oh ! ce que j'aurais donné pour pouvoir nous coucher chaque soir ensemble, comme tantôt et dans *notre* lit. Après nos *bingerles* c'est toi qui te serais couchée sur moi, comme tu l'aimes, et avant de nous endormir nous aurions encore longtemps bavardé et serions caressés de toutes les façons.»

*

Il était traditionnel qu'à la fin de l'été toute la famille impériale aille s'installer en Crimée, à Livadia, où Alexandre fit suivre sa maîtresse. Elle voyageait dans un train particulier, à quelques heures de celui de la cour. Elle habitait une villa discrète où il pouvait la retrouver. Les mois passaient, et ils restaient toujours aussi affamés l'un de l'autre, et Katia se montrait de plus en plus résolue à entrer au plus près dans la vie de son impérial amant. Le mariage de sa sœur cadette, qui avait été pensionnaire avec elle à l'Institut Smolny, lui offrit la possibilité de sortir de la réclusion à laquelle la condamnait sa passion. En 1870, sa jeune sœur épousait le prince Emmanuel Mestchersky dont le titre donnait droit à son épouse d'entrer au palais comme dame d'honneur de l'impératrice et avec elle, ses sœurs. Catherine put ainsi faire son entrée officielle à la cour. L'audace de ce geste scandalisa le palais, d'autant que le tsar imposait ainsi sa maîtresse à la tsarine. Mais l'impératrice Marie ne broncha pas. Elle opposa à cet affront une hauteur glaciale. Comment se serait-elle offusquée ? Elle savait que sa chambre était interdite au tsar et depuis longtemps, tout désir l'avait désertée. Avait-elle même la force d'une indignation ? Sa santé faiblissait de jour en jour et elle restait le plus souvent recluse, avec son confesseur, dans ses appartements.

À la cour, on ne montra pas la même mansuétude. Marié

selon le rite orthodoxe, « Petit Père » de tous les Russes, le tsar devait donner l'exemple d'une parfaite tenue morale ; or, l'étalage de ses relations diffusait une image catastrophique dans le peuple – celle de mœurs dissolues qui ne pouvaient qu'affaiblir le pouvoir déjà vacillant. De surcroît, les Dolgorouki avaient mauvaise réputation depuis qu'ils avaient accaparé le pouvoir, un siècle et demi plus tôt, sous le règne du jeune tsar Pierre II, fiancé à quatorze ans à une Catherine Dolgorouki célèbre pour sa dévorante ambition. Malgré elle, Katia héritait de ces médisances, et de l'image d'intrigante qui restait attachée au nom de son ancêtre. C'était néanmoins le prix à payer pour se rapprocher de son amant pour qui son adoration ne cessait de croître. L'opposition des courtisans à son égard ne faiblit pas pour autant, surtout lorsqu'ils découvrirent que la favorite était enceinte. Le tsar était fou de joie et lorsque Catherine ressentit les premières contractions, il lui ordonna de venir accoucher au palais. C'est ainsi que le 30 avril 1872, elle mit au monde, après des heures de travail, un garçon prénommé Georges. « S'il le faut, avait ordonné le tsar quand on craignit que l'accouchement tourne au drame, sacrifiez l'enfant mais elle, sauvez-la à tout prix ! » Une année plus tard, elle accouchait d'une petite Olga, et si l'empereur se montrait fou d'amour pour la mère et les deux enfants, « Gogo » et « Oly », Katia, de son côté, s'angoissait du sort qui lui serait réservé s'il advenait quoi que ce soit au tsar. Certes, il ne pouvait pas l'épouser tant que la tsarine était en vie. Mais les enfants ?

Il l'entendit. Le 11 juillet 1874, il fit enregistrer par le

Sénat, au mépris des lois dynastiques, cet oukase : « Aux mineurs Georges Alexandrovitch et Olga Alexandrovna Yourievski. Nous accordons les droits qui appartiennent à la noblesse et Nous les élevons à la dignité de prince avec le titre d'altesse. » N'était-ce pas là une reconnaissance officielle ? Il fit plus encore. Jusque-là, elle vivait dans une maison de maître, rue Galernaya, et elle dut y rester seule, après avoir perdu un troisième enfant en couches : le tsar partait pour les Balkans se battre contre les Turcs. On était en 1877 ; le tsar avait cinquante-neuf ans et il reviendrait de cette équipée victorieux mais brisé – cette fois-ci, sa Katia n'avait pas pu le suivre. Le lendemain de son départ, son premier geste avait été de lui envoyer une estafette à Saint-Pétersbourg pour lui dire : « Bonjour, cher ange clé de mon âme… » et dans l'après-midi, il ajoutait ce post-scriptum : « J'ai passé toute la matinée à travailler et viens de me reposer en soupirant de ne pas t'apercevoir à mon réveil, ni les chers enfants non plus… À toi pour toujours ! »

À son retour en 1878, le tsar, balayant toutes les convenances, installa sa maîtresse et ses enfants au palais d'Hiver, dans un appartement situé au second étage, à côté de celui de la tsarine Marie. Katia avait trente et un ans, et enfin son « Sacha » pour elle seule, mais elle ne fut pas acceptée par la cour pour autant. Les rumeurs les plus cinglantes circulaient sur son compte ; on murmurait qu'elle cherchait à destituer les héritiers de droit pour placer son fils Georges. C'est dans une solitude presque complète qu'elle mit au monde son quatrième enfant, une petite fille qui fut prénommée Catherine.

Malgré tout, son amour était comblé. Elle partageait maintenant chaque minute de la vie du tsar. Elle l'écoutait lui relater les affaires d'État, elle tentait de dissiper ses inquiétudes tant il était vrai qu'à l'intérieur des frontières comme à l'extérieur, le monde craquait autour d'eux.

*

Malgré sa victoire contre les Turcs, Alexandre II avait essuyé un camouflet de la part du congrès de Berlin, au cours duquel les grandes puissances avaient obligé la Russie à suivre leur arbitrage qui avait abouti à une réduction des prétentions du tsar, pourtant entérinées par l'Empire ottoman, et à un traité en bonne et due forme. Enfin, si l'Empire assurait son expansion à l'est, à l'intérieur, les mouvements révolutionnaires fleurissaient. Leur agitation était quelque peu paradoxale : le tsar ne s'était-il pas lancé, dès 1861, dans une série de grandes réformes dont l'Empire avait grand besoin ? Il avait aboli le servage dans un premier temps. La deuxième réforme concerna la justice. L'appareil judiciaire, vétuste et vénal, fut remplacé par des institutions nouvelles qui, de l'avis même des opposants et des étrangers, étaient excellentes. La justice était enfin indépendante, prompte et égale pour tous les citoyens. La troisième réforme avait réorganisé la vie des provinces et institué le régime des assemblées locales, sur lesquelles le pouvoir se déchargeait de la plupart des affaires telles que création et gestion des hôpitaux, service vétérinaire, voirie et, en général, tout ce qui concernait le bien-être de la population. Les assemblées firent d'ailleurs rapidement leurs preuves, et leur action fut bienfaisante pour la vie des moujiks. Enfin, le tsar ordonna une réforme de l'enseignement afin de relever le niveau désastreux de l'éducation, et de permettre aux enfants les moins favorisés d'entrer au collège. Puis il changea le fonctionnement du service militaire et celui de la censure, qu'il adoucit considérablement. Il restait la question des droits des femmes.

Qu'elle fût noble, commerçante ou paysanne, la famille russe fonctionnait depuis des siècles selon un même modèle, incarné par le patriarcat autocratique, royaume en miniature de chaque chef de famille, réplique fidèle de l'autocratie tsariste. Dans les années 1860, pratiquement dans toutes les familles nobles, les enfants entendirent disposer de leur propre vie selon leur idéal. Les jeunes filles commencèrent à affluer dans les villes universitaires. Après l'abolition du servage, proclamée par Alexandre en 1861, les femmes estimèrent que leur tour était arrivé. Elles revendiquèrent de plus en plus le droit de quitter le tyran domestique. Elles se heurtèrent à leur mari ou à leur père, détenteurs des passeports familiaux. En effet, en Russie, personne n'avait le droit de quitter, sans passeport, son lieu de naissance ou de résidence. Les jeunes filles, en tant que mineures, figuraient sur le passeport de leur père ; elles devaient se marier pour posséder le leur, mais alors il restait entre les mains de leur mari. De plus en plus de jeunes filles exprimaient le désir de quitter leurs parents pour partir faire des études et apprendre un métier qui les affranchirait du joug conjugal.

Sur toutes ces questions, que la situation insurrectionnelle rendait cruciales, Katia et la tsarine avaient des points de vue tout à fait opposés. L'impératrice combattait ouvertement les idées progressistes ; Katia, qui savait que le peuple désavouerait sa liaison, œuvrait pour que la plus importante des réformes ait lieu : la proclamation d'une charte constitutionnelle que tous attendaient. Et cette réforme devenait de plus en plus urgente. Les mouvements révolutionnaires, et parmi eux l'organisation Terre et Liberté, s'étaient lancés dans des séries d'actions et d'attentats contre le gouvernement, et avaient pris le tsar dans leur ligne de mire. Ainsi, le 14 avril 1879, Alexandre Soloviev, alors qu'il avait tiré plusieurs fois sur le tsar, ne parvint pas à l'atteindre. En décembre de la même année, des explosifs firent sauter le train impérial en partance pour la Crimée – en pure perte puisque le tsar avait décidé de partir plus tard. Deux mois après, le 17 février 1880, c'est la salle à manger tout entière du palais d'Hiver qui s'écroule. L'organisation terroriste la Volonté du Peuple avait bourré les sous-sols d'explosifs – le tsar, en retard sur le service, était absent.

*

Katia, maintenant, avait peur. Elle avait peur pour son Sacha, peur pour sa propre vie, peur pour celle de ses enfants, peur pour son avenir si les révolutionnaires parvenaient à leurs fins. Son seul soulagement fut, le 3 juin de cette même année 1880, le décès de la tsarine Marie.

Désormais, rien ne pouvait plus empêcher Alexandre d'épouser enfin devant Dieu celle qui partageait sa vie depuis si longtemps. Après avoir observé les quarante jours de deuil exigés par le protocole, le tsar fixa son mariage avec Katia au 18 juillet suivant. L'entourage du souverain fut choqué par cette décision, d'autant que l'ordre avait été donné de taire l'événement au prince héritier, le futur Alexandre III. Lorsqu'on osa dire au tsar que son fils en serait cruellement offensé, l'autocrate répondit : «Je suis le maître chez moi et seul juge de ce que j'ai à faire», et le mariage eut lieu comme prévu.

«Voilà trop longtemps que j'attendais ce jour, écrivit Alexandre. Quatorze années. Je n'en pouvais plus, j'avais constamment la sensation d'un poids qui m'écrasait le cœur. Je suis effrayé de mon bonheur. Ah ! que Dieu ne l'enlève pas trop tôt…» Et le 18 juillet, après avoir ordonné au Sénat d'accorder à Catherine le nom de princesse Youriev-skaïa, assorti du titre d'altesse sérénissime, pour elle et leurs enfants, il l'épousa enfin, à Tsarskoïe Selo, dans la plus stricte intimité et en présence de trois témoins. Le tsar avait soixante-deux ans ; elle en aurait trente-trois le 14 novembre prochain.

Il restait maintenant à organiser le couronnement de Katia comme tsarine de toutes les Russies, et elle savait que la cérémonie soulèverait des tempêtes, déjà à la cour, mais aussi dans le peuple. Alexandre devait engager la réforme la plus attendue – une charte constitutionnelle, comme y avait consenti la Couronne d'Angleterre. De surcroît, il y avait urgence. La vague de terreur qui s'était abattue sur Moscou et sur Saint-Pétersbourg ne connaissait aucune accalmie. En moins de deux ans, sans évoquer même les attentats contre le tsar, un général, le commandant des gendarmes de Saint-Pétersbourg, un prince, un gouverneur et le directeur de la police d'État avaient été tués.

Les terroristes estimaient qu'il était plus judicieux de supprimer le tsar « libérateur » plutôt que de voir la révolution tuée dans l'œuf par l'effet de ses réformes. Le régime se remettrait-il d'un régicide ? En Russie, la gigantesque pyramide du pouvoir était couronnée par la figure du tsar. L'empereur était non seulement un personnage symbolique, mais un véritable autocrate. Le libéral Alexandre II répondait donc des actes de ses fonctionnaires les plus réactionnaires. « Cela devenait étrange, rappelait une égérie des terroristes, Vera Figner, l'une des principales révolutionnaires : frapper les serviteurs sans toucher au seigneur… » Il fallait donc tuer l'empereur à tout prix. Un groupe d'hommes se chargea de cette tâche avec un budget très limité. Ils étaient jeunes, ils n'avaient peur de rien, et surtout, ils étaient fanatiquement convaincus de leur bon droit. Les terroristes prirent alors la décision, fatale pour l'empereur, d'utiliser un moyen plus efficace que l'arme à feu : la dynamite… Et de l'utiliser rapidement : à Saint-Pétersbourg, durant le seul hiver 1878-1879, plus de deux mille hommes soupçonnés d'activités révolutionnaires avaient été arrêtés. Pour ces « nihilistes », l'assassinat du tsar se transforma en idée fixe : Alexandre devint l'objet d'une chasse sans précédent dans l'histoire du terrorisme mondial.

Katia n'était bien sûr pas la seule à pousser le tsar vers cette réforme constitutionnelle. Le nouveau Premier ministre, le réformateur Loris-Melikov, cherchait de son côté à accélérer l'instauration d'un régime constitutionnel en Russie qui garantirait le principe d'une représentation nationale. On travailla donc dans ce sens. On rédigea le texte et il fut prévu que le 13 mars 1881, solennellement, le tsar signerait cette nouvelle charte constitutionnelle, et la ferait approuver par le Conseil des ministres trois jours plus tard. Alexandre II rêvait désormais d'engager la Russie dans la voie d'une monarchie constitutionnelle. Alors, soulagé de la charge, il irait s'installer de longs mois durant avec sa Katia et leurs enfants sur la Côte d'Azur.

*

On connaît hélas la suite, et son enchaînement tragique.

Le 13 mars 1881, après la messe, le tsar se rendit au manège du palais Michel pour assister à la relève de la garde. Pour une fois, il n'avait pas écouté les recommandations de Katia. Elle s'était levée le matin en proie à un horrible pressentiment, et elle avait supplié le tsar de renoncer à cette sortie, mais il s'était engagé, et il refusa de l'entendre. Elle lui rappela la prédiction d'une Tzigane qui l'avait vu mourir dans un septième attentat. Il lui fit remarquer qu'il n'y en avait eu que cinq pour le moment. S'il devait y en avoir un en ce dimanche, ce ne serait que le sixième et il en réchapperait. Au grand dam de Katia, il partit.

Les terroristes l'attendaient sur le trajet du retour. La première bombe éclata près de la voiture impériale. Elle tua le terroriste, les cosaques de sa garde et un passant malchanceux. Plutôt que d'ordonner la fuite du carrosse, Alexandre II descendit pour adresser quelques mots de réconfort aux blessés. C'est alors qu'une seconde bombe – un septième attentat – lancée par un complice l'atteignit de plein fouet. Il eut le corps transpercé, le pied droit arraché, le visage et la tête couverts de blessures. On transporta son corps déchiqueté en toute hâte au palais. Il se vidait de son sang et les médecins ne surent rien faire. Quant à Katia, quand elle apprit la nouvelle, elle se précipita en hurlant au chevet de son mari. Quelques heures plus tard, en début d'après-midi, le tsar Alexandre II expirait dans ses bras. Elle resta des heures prostrée devant le cadavre de son amour, à baiser ses mains intactes en murmurant « Sacha, Sacha »…

La vengeance des Romanov fut immédiate. Ils ne l'autorisèrent pas à suivre le cortège officiel des funérailles, qui eurent lieu deux jours plus tard. Lorsque la cérémonie fut presque terminée et que la famille impériale eut déposé un ultime baiser sur la main du défunt exposé dans le cercueil encore ouvert, au cœur de la nef de la cathédrale Saint-Pierre-et-Saint-Paul, Catherine apparut enveloppée de longs voiles de crêpe, appuyée sur le comte Adelberg. Elle était entrée dans la cathédrale par la porte de la sacristie. Un diplomate français relata la scène :

« D'un pas tremblant, elle monta les degrés du catafalque. Puis, s'effondrant à genoux, elle s'abîma en prière, la tête plongée dans le cercueil. Après quelques minutes, elle se releva avec peine, reprit le bras du comte Adelberg et s'éloigna lentement vers le fond de l'église… De tous les souvenirs que je conservai de ce voyage, l'apparition fugitive de la princesse Yourievskaïa dans la cathédrale de la Forteresse fut l'un des plus vivaces. »

Quarante ans plus tard, le 15 février 1922, Catherine Dolgorouki, princesse impériale Yourievskaïa, s'éteignait à Nice où elle s'était exilée au printemps 1882. Elle avait été chassée de Russie, ainsi que ses enfants, par Alexandre III dès qu'il était monté sur le trône. Elle avait emporté toutes les lettres d'amour enflammées de Sacha, et la tunique ensanglantée dans laquelle il était mort.

Sa disparition ne souleva aucune émotion. Tout le monde avait oublié qu'elle avait été, au temps révolu des splendeurs de la Russie impériale, Katia, la jeune et jolie Katia, le grand amour d'Alexandre II, le tsar libérateur…

Honoré de Balzac :
la grâce venue des steppes

*Pour honorer ma promesse à Alexandre Iakovlev
et pour transmettre sa passion pour le grand Balzac,
« le plus russe des écrivains français » selon lui.*

En automne, la capitale française baigne dans une atmosphère particulière, une sorte de charme, ou de sortilège, qui émane d'un mélange de soleil fantomatique et de fraîcheur hivernale, revigore les âmes et rend les esprits légers. C'était exactement le temps de cette matinée du mois d'octobre 1832. Quelques nuages immobiles et poudreux flottaient au-dessus de la Seine. Dans les jardins des Champs-Élysées, en bas de l'avenue, les passantes semblaient plus délicates et élégantes encore, prises dans la lumière translucide d'une fin de saison. Leur beauté laissait pourtant indifférent l'homme qui marchait au milieu d'elles. Il semblait pensif, légèrement soucieux, ou plutôt interloqué. À tel point qu'il ne remarquait pas le salut respectueux des hommes qui soulevaient leur chapeau à son passage, ni les murmures admiratifs des petits groupes qui avaient reconnu en lui le grand et très dandy Honoré de Balzac, alors au faîte de sa gloire.

C'est qu'il avait reçu le matin même une lettre énigmatique, dont il avait pris connaissance un quart d'heure à peine avant de partir chez Henriette de Maillé, marquise de Castries, qui l'avait prié de lui rendre visite à son hôtel de la rue du Bac « pour lui exprimer son admiration ». Il avait à peine regardé l'enveloppe, tout à l'empressement de se rendre chez son hôtesse. Ne tenait-elle pas l'un des salons les mieux fréquentés et les plus aristocratiques de Paris ? À trente-six ans, la belle marquise restait la figure emblématique du faubourg Saint-Germain et Honoré de Balzac, qui avait trente-trois ans, avait été flatté, puis amusé, et maintenant excité du petit tour qu'elle venait de lui jouer. Ils s'étaient rencontrés quelques mois plus tôt, dans le salon d'Olympe Pélissier avec qui Balzac avait eu une aventure aussi passagère qu'amusante. Henriette lui avait alors adressé une lettre où elle se faisait passer pour une admiratrice anglaise, ce qui avait flatté Balzac au plus haut point ; très vite, elle lui avait envoyé une seconde missive qui révélait sa supercherie et l'invitait chez elle – et c'est à ce rendez-vous qu'il se rendait de ce pas. Cependant, il avait attendu pour aller la voir. À son tour, il s'était amusé à lui écrire, sur un ton sibyllin : « [...] Si je n'étais pas embarqué dans un travail pressé, j'eusse été vous présenter mes hommages avec cette franchise de cœur qui vous est si chère, mais, après bien des luttes et des malheurs honorables, les malheurs dont on est fier, j'ai encore quelques pas à faire pour arriver à conquérir quelques bonnes heures où je ne sois plus ni littérateur, ni artiste, où je puisse être moi, et ce sont de ces heures-là que je voudrais vous consacrer si vous le permettez. » Elle avait été mordue par sa tiédeur et lui avait fait aussitôt porter des fleurs. Il avait su la faire attendre quelques semaines encore.

Il était donc en route au jour et à l'heure qu'il avait choisis pour la revoir. Il l'avait prévenue de sa visite, et voilà que ce matin même, une lettre l'attendait dans son courrier – elle aussi d'une inconnue –, qui signait « L'Étrangère ». Était-ce une nouvelle plaisanterie d'Henriette de Castries ? Il ne reconnut pas son écriture. Il fourra l'enveloppe dans sa poche. Il le saurait bien assez tôt. Et dans sa hâte d'arriver rue du Bac, il oublia la lettre.

C'est qu'il rêvait de connaître l'amour avec la marquise. Elle n'était pas une forteresse imprenable : elle avait défrayé la chronique en oubliant l'échec de son mariage dans les bras du jeune Metternich. Elle avait de l'esprit – ses petits jeux promettaient une liaison enrichissante dans tous les sens du terme. Balzac ne cachait pas ses ambitions en matière amoureuse, ni son désir d'une aventure dans les hautes sphères de la société. De plus, elle était « encore » très jolie et l'accident de cheval qui l'avait en partie paralysée n'avait en rien affecté son charme. Quand il quitta le salon de la marquise, quelques heures plus tard, il fredonnait. Il venait de recevoir toutes les preuves que son attirance était réciproque. Elle lui avait même suggéré de l'accompagner avec quelques amis dans son voyage à Aix-les-Bains, qu'elle comptait prolonger en Suisse et peut-être en Italie, à Venise...

Il avait oublié la missive de « L'Étrangère » quand, le 7 novembre, il trouva dans son courrier une nouvelle enveloppe, postée au mois de février à Odessa, dans l'Empire des tsars, et confiée elle aussi aux bons soins de Charles Gosselin, son éditeur. Le courrier avait mis neuf mois à lui parvenir ! Il déplia les feuillets et lut attentivement la lettre que son auteur avait, une fois encore, signée « L'Étrangère ». Il fut ébloui. De cette longue déclaration, des phrases entières semblaient émerger, qui le firent frémir : « Votre génie me semble sublime mais il faut qu'il devienne divin... Vous êtes un météore lumineux... Vous avez en peu de mots tout mon être, j'admire votre talent, je rends hommage à votre âme ; je voudrais être votre sœur... » Elle lui parlait encore de son œuvre qu'elle commentait dans les termes les plus élogieux ; elle faisait des allusions à sa vie, comme si elle connaissait tout de lui. Elle lui disait qu'elle attendait dans la fièvre son prochain roman, et il sourit en songeant qu'il avait presque terminé d'écrire *Le Médecin de campagne*. Elle osait même quelques critiques qui dévoilaient sa pudeur, ainsi quand elle lui avoua avoir été blessée par la crudité des scènes d'orgie, décrites dans *La Peau de chagrin*, qu'elle trouvait pourtant supérieur à sa dernière publication, *Scènes de la vie privée,* par la finesse d'analyse des sentiments, et par ses qualités narratives. Il apprécia son goût littéraire, et se mit à fantasmer.

Qui était cette femme cachée derrière cette brève signature, « L'Étrangère » ? S'agissait-il d'une nouvelle mystification comme celle qu'avait tentée Henriette de Castries ? Ou cette pâle écriture traduisait-elle authentiquement les émois d'une âme lointaine, perdue quelque part dans cette Russie qu'il avait toujours exaltée ? Était-ce elle qu'il attendait, et dont il avait esquissé tant de fois la silhouette dans l'évocation d'héroïnes venues des neiges qu'il avait créées dans ses romans ? Déjà, dans le brouillon d'un poème intitulé « Feodora », il avait décrit le personnage : « L'héroïne est une comtesse russe, jeune, riche, belle, veuve et vivant à Paris. » Pauline, la jeune ingénue de *La Peau de chagrin*, était, elle aussi, liée à l'Empire des tsars : « Un soir, Pauline me raconta son histoire avec une touchante ingénuité. Son père était chef d'escadron dans les grenadiers de la garde à cheval pendant la campagne de Russie en 1812. Au passage de la Bérézina, il avait été fait prisonnier par les Cosaques. Plus tard, quand Napoléon proposa de l'échanger, les autorités russes le firent vainement chercher en Sibérie. Au dire des autres prisonniers, il s'était échappé avec le projet d'aller en Inde. » Ou encore lorsque Rastignac projetait d'entraîner Raphaël « dans une maison où va tout Paris », il lui faisait préciser : « Demain soir, on verra la belle comtesse, la femme à moitié russe, à moitié parisienne. La plus belle femme de Paris, la plus gracieuse ! » Et Raphaël, tel Balzac à cet instant précis, de se demander : « Cette femme, n'était-elle pas le symbole de tous mes désirs ? »

Balzac rêvait des aventures que d'autres artistes vivaient et qui scandalisaient l'opinion publique. Il voulait connaître une histoire romantique et houleuse comme celle que connaîtront Chopin et George Sand, ou Liszt et Marie d'Agoult, histoires de passion, d'aristocrates ravissantes enlevées à leur vieux mari, d'adultères consommés sous les ciels italiens, au bord du lac Majeur, à Venise ou dans la baie de Naples, mais toujours sous des baldaquins ou de beaux arbres généalogiques.

Cet objectif amoureux lui avait d'ores et déjà permis d'être l'amant de Laure de Berny, son aînée de vingt-cinq ans avec qui il vivait les dernières heures de sa liaison, puis avait dirigé ses pas vers le salon d'Henriette de Castries ; depuis qu'il avait ouvert cette enveloppe, il s'échappait maintenant en pensée vers la Russie. Les questions sans réponse le harcelaient.

Qui était-elle ? Une aristocrate, cela allait sans dire. Quelle étrangère pouvait écrire ce français presque parfait, user de ce papier raffiné, lire avec l'éducation que présupposaient les quelques critiques qu'elle avait exposées ? Hélas, son énigmatique étrangère ne lui précisait ni son nom ni son adresse… Était-il impossible de la retrouver ? Pourquoi ne pas passer une petite annonce ? L'idée le séduisit aussitôt et il choisit *La Gazette de France* pour envoyer son message. On lui avait assuré que c'était le journal français le plus lu à Saint-Pétersbourg. Il rédigea donc un encart laconique : « Monsieur de Balzac a reçu la lettre qui lui a été adressée le 28 février. Mis dans l'impossibilité de répondre ; et si ses vœux ne sont pas de nature à être publiés ici, il espère que son silence sera compris. »

Il guetta la parution du journal, vérifia que son annonce était bien passée telle qu'il l'avait conçue et se mit à attendre, dans un état fiévreux qu'il savait déraisonnable – mais comment oublier les lignes de son inconnue ? Si elle ne répondait pas, que ferait-il ? Il se pouvait qu'elle ne lise jamais *La Gazette*, ou peut-être encore n'espérait-elle aucune réponse. Mais elle avait lu son annonce et elle lui écrivit une troisième lettre qui le rendit heureux comme un collégien. Son contenu ne laissait aucune ambiguïté sur les sentiments exprimés. Honoré de Balzac se sentait touché au cœur, comme on le dit d'un duelliste qui reçoit la pointe du fleuret :

« Votre âme a des siècles, monsieur, sa conception philosophique semble appartenir à une étude longue et consommée par le temps. Cependant, vous êtes jeune encore, m'a-t-on assuré ; je voudrais vous connaître et crois n'en avoir pas besoin : un instinct d'âme me fait pressentir votre être, je me le figure à ma manière, et je dirais "le voilà", si je vous voyais. Votre extérieur ne doit point faire pressentir votre brûlante imagination, il faut vous aimer, il faut que se réveille en vous le feu sacré du génie, qui alors vous fait paraître ce que vous êtes, et vous êtes ce que je sens : un homme supérieur dans la connaissance du cœur de l'homme. En lisant vos ouvrages, mon cœur a tressailli ; vous élevez la femme à sa juste dignité ; l'amour chez elle est une vertu céleste, une émanation divine. J'admire en vous cette admirable sensibilité d'âme qui vous la fait deviner… L'union des anges doit être votre partage : vos âmes doivent avoir des félicités inconnues. "L'Étrangère" vous aime tous les deux et veut être votre amie ; elle aussi sut aimer, mais c'est tout. Oh, vous comprendrez… »

*

Elle lui disait qu'elle l'aimait. Elle faisait mieux encore, elle avait signé d'un prénom : Eveline. Honoré de Balzac accusa réception par une nouvelle annonce qu'il signa M. de B, et il lui donna son adresse personnelle. M. H. de B., 1 rue de Cassini, près de l'Observatoire, en regrettant de son côté de n'avoir aucune adresse où lui écrire.

En vérité, la belle étrangère s'appelait Eveline Hanska, née Rzewuska. Encore adolescente, elle avait épousé un riche aristocrate polonais, le comte Venceslas Hanski qui avait vingt-cinq ans de plus qu'elle, et souffrait de dépression chronique. Il lui avait fait six enfants dont une seule avait survécu, la petite Anna qui avait alors trois ans. Isolée et esseulée dans la propriété familiale, Eveline passait des journées à lire et à rêver dans la grande bibliothèque du château, et elle vouait à Honoré de Balzac une estime sans bornes. Elle avait dès lors décidé de lui écrire pour lui dire toute son admiration, un peu par amusement, sans imaginer qu'il lui répondrait, fût-ce par une petite annonce. Son cœur avait bondi : l'immense écrivain français avait été touché par sa lettre ! Mais comment l'autoriser à lui écrire ? Elle était jeune et très jolie, et quoique mélancolique, son mari était extrêmement jaloux. Eva pria alors la gouvernante de sa fille, Louise Borel, dite Lirette, vieille fille dévouée et discrète que le romancier allait immortaliser dans le personnage de *La Cousine Bette*, d'accepter de lui servir d'intermédiaire et de recevoir le courrier que M. de Balzac lui adresserait.

Et enfin, elle lui écrivit pour lui parler d'elle. Elle lui raconta qu'elle avait vingt-sept ans, qu'elle était d'une excellente famille ; son frère, Henri Rzewuski, était la plume de l'aristocratie polonaise qui l'adulait pour ses *Souvenirs de*

Slopica. Elle était de surcroît l'arrière-petite-nièce de Marie Leszczynska, reine de France par son mariage, en 1725, avec Louis XV. Elle lui avoua encore qu'elle était mariée à un «vieillard» richissime – il n'avait que cinquante-deux ans – qui régnait sur un petit royaume de trois mille âmes, et sur un château de trois cents domestiques, à Wierzchownia, en Ukraine. Elle lui demandait encore de ne jamais chercher à lui écrire directement ni de parler d'elle, pour ne pas la compromettre. Elle aimerait être son inspiratrice, affable et volontaire, et elle le lui dit sans ambages, avec admiration et conviction.

Balzac en crut à peine ses yeux. Elle était un ange tombé du ciel et il voulut le lui dire, par retour de courrier, enflammé cœur et âme : «Je vous avouerai que vous avez été pour moi l'objet des plus doux rêves : en dépit de mes travaux, je me suis surpris plus d'une fois chevauchant à travers les espaces et voltigeant dans la contrée inconnue où vous, inconnue, habitiez seule de votre race.» Là, il saluait longuement le peuple polonais tout entier «malheureux, dispersé à travers le monde, exilé peut-être des deux»... Et il lui expliqua sa compassion profonde : lui aussi, il est un «exilé» : ni son langage ni ses sentiments «ne ressemblent à ceux des autres hommes». Eveline n'eut pas le temps de lui répondre que déjà, il lui avait envoyé une autre lettre : «Vous êtes une des figures idéales auxquelles j'ai laissé le droit de venir parfois se poser nuageusement devant mes fleurs et qui me sourient entre deux camélias, agitent mes bruyères roses et auxquelles je parle. Eva Hanska, ma vie est à vous puisque vous êtes la seule à l'avoir pressentie dans tout ce qu'elle serait, à pénétrer ses souffrances, ses devoirs, ses projets ambitieux. » Et de jurer que jamais il n'a aimé comme il l'aime déjà, et comme il sait qu'il l'aimera. Aimer est son seul désir, sa seule ambition, et il l'a trouvée, elle, la femme idéale !

Il la désira d'autant plus qu'il enquêta sur elle et ce qu'il apprit l'enchanta. Il l'écrivit à sa sœur : l'Étrangère était une « grande dame, jeune, belle, comtesse, colossalement riche, mariée à un homme qu'elle n'aimait pas, supérieure par l'intelligence et par le cœur à toutes les autres femmes ». Lui qui n'imaginait pas l'amour ailleurs que dans les hauteurs du gotha fut comblé. Eveline Hanska était alliée aux plus grandes familles de la noblesse russe, proches des grands tsars comme les Orlov ou les Dachkov. Sa famille était parfaitement intégrée dans la haute société russe et ne faisait pas partie de ces Polonais hostiles à l'Empire des tsars. D'ailleurs, le comte et la comtesse séjournaient souvent à Saint-Pétersbourg où ils étaient reçus à la cour et assistaient aux ouvertures de saison à l'Opéra et au théâtre. Il lui écrivit de plus belle…

*

Le roman vrai qui commençait à s'écrire sur un mode épistolaire entre Eva et Honoré serait un véritable choc entre les deux civilisations slave et occidentale : la rencontre au sommet façonnée par l'imagination, insolite et inattendue à l'image de l'architecture de Saint-Pétersbourg avec ses décors flamboyants. Au cours des dix-huit ans que durera leur relation, qui s'achèvera avec la mort du romancier, Balzac écrira quatre cent dix-sept lettres sur le même ton, ardent, fiévreux et tendu vers une seule idée – la faire sienne, corps, biens et âme.

Très vite, ni l'un ni l'autre ne purent se contenter de rêver. Ils voulurent se voir, se rencontrer enfin, avec la légère angoisse que causait la perspective d'une déception. Seraient-ils, chacun de son côté, à la hauteur des rêves de l'autre ? Balzac, le premier, évoqua l'éventualité d'avoir un portrait d'elle, conscient de l'indélicatesse de la requête : « Il y a bien longtemps que j'aurais voulu vous demander votre portrait, s'il n'y avait pas eu je ne sais quelle injure dans cette demande. » Et de conclure : « Je ne le veux qu'après vous avoir vue. » Il attendrait donc ce rendez-vous et s'y prépara une lettre après l'autre au cours desquelles il fit d'elle sa muse, sa confidente, sa tendre amie, « son ange-femme ». Il lui parla à cœur ouvert. Il livra sans retenue ses états d'âme et ses projets littéraires, qu'il soumit à sa sagacité. Il ne lui cacha pas non plus ses difficultés financières et ses perpétuels embarras judiciaires avec les huissiers et ses créanciers. Il lui fit savoir qu'il avait ajouté un personnage au roman qu'il achevait, *Le Médecin de campagne,* une « fleur du ciel », une « idole » comme elle l'était, et qu'il lui avait donné le nom d'Evelina – ravissante Ukrainienne exilée en France.

Il s'enflamma d'autant plus que son aventure avec Henriette de Castries avait tourné court. Lorsqu'il l'avait suivie à

Venise, s'endettant fortement pour entreprendre ce voyage, ce fut pour découvrir qu'elle était très chaperonnée, et notamment par son oncle, le duc de Fitz-James ; elle s'était d'ailleurs montrée de jour en jour plus glaciale. Il lui avait dédicacé le roman qu'il venait juste de publier, *L'Illustre Gaudissart*, et elle s'était offusquée qu'il l'associe par ce geste à la satire sociale qui faisait le fonds de l'œuvre. Il la voulait dans son lit, elle s'y refusait de plus en plus sans renoncer à augmenter l'ascendant qu'elle pensait avoir sur lui. Aussi les lettres d'Eva lui procuraient-elles un contrepoison bénéfique aux perfidies de la marquise, et il ne rêvait plus que d'elle quand il songeait à l'amour.

Mais quand la voir, justement, et où ? Il put compter sur l'ingéniosité que peut déployer une femme amoureuse. Eveline Hanska se fit fort de persuader son mari de se rendre en Suisse, à Neuchâtel, riche d'un lac qui ferait un décor idéalement romantique pour une première rencontre, où résidait la famille de Lirette, la gouvernante d'Anna et sa boîte aux lettres, à qui elle avait promis ce voyage. Elle annonça son plan à Balzac et un court instant, celui-ci parut redouter de rencontrer en chair et en os celle qu'il n'avait pas cessé d'idéaliser pendant une année entière, et puis enfin, le rendez-vous fut pris. On l'entoura de toutes les précautions qui convenaient pour ne pas compromettre la jeune femme. Une année presque jour pour jour après la première lettre de l'Étrangère, Honoré de Balzac partait pour Besançon. Officiellement, il entreprenait ce voyage pour rapporter à Paris des liasses d'un papier spécial, en vue d'une édition de quelques-uns de ses textes bon marché et par abonnement. En vérité, pour filer à Neuchâtel rencontrer enfin sa mystérieuse Eva. Il avait dû emprunter de l'argent pour couvrir les frais de son voyage. Pour calmer l'excitation qui montait à chaque tour de roues de la diligence, il se lançait dans de grands discours à l'intention des autres passagers, ou lisait à voix haute et sur un ton comique le guide de la région. Après quarante heures de route, le 25 septembre, il vit enfin ce lac « orageux, surtout le soir, avec le vent d'ouest que les mariniers appellent Uberra ». Il était épuisé et, quand il parvint à Neuchâtel, il ne s'était pas couché depuis quatre nuits. Il savait qu'elle était déjà arrivée avec son mari et sa fille, mais il remit au lendemain le délice mêlé d'effroi de leur rencontre, et se rua à son hôtel pour y dormir tout son soûl.

Le jour suivant, lorsqu'il se rendit enfin à la villa André que le comte avait louée dans le quartier le plus huppé de la ville, presque en face de l'hôtel où « on » lui avait retenu une chambre, on lui fit savoir que la comtesse venait de sortir... Il décida de la trouver lui-même et partit à la rencontre de celle à qui il venait d'avouer, dans l'une de ses toutes dernières lettres, à laquelle il avait joint une mèche de ses cheveux, qu'« il l'aimait comme aime un enfant avec toutes les illusions du premier amour ». Ses pas le menèrent sur la promenade du Val-de-Travers, au bord du lac que la somptueuse lumière de septembre baignait d'or. Sur un banc se tenait une femme seule, plongée dans la lecture d'un roman. Serait-ce elle ? Elle était brune, ronde, l'air doux et la peau pulpeuse. Il s'était approché d'elle, un peu de biais, pour s'apercevoir que le roman était l'un des siens. C'est à cet instant que, consciente de sa présence, sans détacher les yeux de son livre, elle laissa tomber son mouchoir comme ils en étaient sans doute convenus dans une ultime lettre, où tous les détails de leur rendez-vous étaient exposés. Il se baissa pour le ramasser et elle leva les yeux sur lui.

Il fut immédiatement subjugué.

Séduisante, elle l'était en effet comme en témoignent les deux portraits qu'on connaît d'elle, tous deux exécutés à Vienne, l'un par Waldmüller et l'autre par Daffinger, le plus beau des deux, aujourd'hui conservé au musée de Châteauroux. Elle portait une robe d'un violet pâle, comme un pétale de pensée – sa couleur préférée et il ne se souvint pas de le lui avoir écrit –, et elle semblait brusquement perdue face à lui, avec ses beaux yeux sombres, dotés d'un très léger strabisme qui le bouleversa, et qu'il jugea « d'une splendeur voluptueuse ». D'emblée, il aima sa bouche petite et charnue, « couleur cerise » comme il l'écrira plus tard à sa chère sœur Laure, sa confidente : « L'essentiel est que nous avons vingt-sept ans, que nous sommes belle par admiration, que nous possédons les plus beaux cheveux noirs du monde, la peau suave et délicieusement fine des brunes, que nous avons une petite main d'amour, un cœur de vingt-sept ans, naïf... J'ai été enivré d'amour... » En vérité, elle avait au moins trois ans de plus. Elle lui avait menti sur son âge, et elle n'avait pas été conquise au premier coup d'œil, comme elle l'espérait – « Et je dirais "le voilà" si je vous voyais ». Honoré de Balzac, à trente-quatre ans, était replet, petit et courtaud, le teint rouge et l'air plutôt d'un bon paysan que d'un aristocrate phtisique et spirituel comme la mode en avait imposé l'image. L'orgueil aristocratique de la jeune femme fut heurté par la vision de ce plébéien, décoiffé par le vent, mal mis dans ses vêtements froissés par le voyage.

Fort heureusement, à cet instant précis, la petite Anna, en pèlerine rose et blanc, fit irruption, de retour de sa promenade avec sa gouvernante, et elle trouva l'inconnu sympathique. Balzac savait faire rire, et ses imitations étaient célèbres. Il sut conquérir l'enfant pour mieux gagner le cœur de la mère. Eveline l'observa longuement pendant qu'il parlait à sa fille. Certes, il était... vulgaire, mais il avait ce regard hypnotisant, des yeux de feu, « des yeux de chaman », confia-t-elle à son journal. Il était joyeux et plein d'énergie, si revitalisant après des mois passés dans la mélancolie de la *szlachta* – le clan des vieilles familles aristocratiques polonaises.

Et quel écrivain ! Elle se souvint de ce qu'il lui avait écrit ces derniers mois, son ambition de construire « une œuvre gigantesque » et son désespoir de n'avoir jamais encore connu l'amour. « Vous, mon idole, vous pouvez être à jamais la réalisation de cette ambition d'amour. » Quelques instants encore, dans le trouble de cette première rencontre dont l'arrivée d'Anna et de Lirette, sa gouvernante, les préservait un peu, et ce fut le mari qui fit irruption. Pas aussi vieux que l'avait décrit Eveline, mais courtois et heureux de faire connaissance du célèbre écrivain français qu'il invita à passer le soir même à la villa André. Cette rencontre qui fut présentée comme fortuite autorisait Balzac à ne plus quitter le couple dans ses promenades. Hélas, le comte ne quittait pas sa femme d'une semelle. « Un damné mari, pesta Balzac dans ses courriers à sa sœur Laure, qu'il tenait au courant de ses moindres faits et gestes. Il va sans cesse de la jupe de sa femme à mon gilet. »

Pendant les cinq journées de ce séjour où le désir incendiait les regards de Balzac, la surveillance du comte Hanski sembla impossible à déjouer. Les rares fois où le mari s'éloignait, il veillait à ce que Mlle Borel, alias Lirette, reste avec eux. Enfin, le troisième jour, il fut décidé d'un pique-nique au lac de Bienne, et d'un pèlerinage sur l'île Saint-Pierre dans les pas de Jean-Jacques Rousseau. Eva en eut l'idée et elle fut avisée. Le comte fut obligé de s'absenter pour commander des paniers et Lirette dut le suivre, abandonnant le couple à ce premier face-à-face sans aucun témoin hormis le grand chêne qui les enveloppait de son ombre. Il l'embrassa et l'embrassa encore d'un baiser qu'il appela « leurs fiançailles », certain, lui dit-il, qu'il ferait d'elle sa femme. Quand le reste de la troupe fut là, les domestiques, le mari, la gouvernante et Anna, il resta en retrait à les contempler, à la contempler, les sangs bouillonnant de désir et d'émotion. Il la contempla longuement : « Personne mieux que moi n'a analysé votre tête et votre visage ! » lui fit-il remarquer le jour même, et avec elle, la scène bucolique et familiale qui se déroulait sous ses yeux.

Devant les flots couleur gris du lac, Balzac crut soudain à la sérénité retrouvée. Cette image d'une belle femme penchée sur un enfant qui riait, le soleil bas sur un lac et l'odeur des arbres et des berges lui redonnèrent cette soif de vivre qui lui était nécessaire, et l'illusion que le bonheur était tout proche et qu'elle en avait le visage. Il fut alors envahi – selon sa propre formule – par « l'espoir fou de la posséder ». Comment se rapprocher de cette femme à la fois douce et orgueilleuse, vibrante et lointaine, et surtout, quand serait-elle enfin à lui ?

Eva, de son côté, l'observait à la dérobée. Son physique manquait de noblesse – rien d'un Alfred de Vigny –, mais elle rêvait, elle aussi, de connaître enfin une belle histoire d'amour, et d'être la muse et l'inspiratrice d'un artiste. Or, Balzac était un immense écrivain, elle n'avait aucun doute sur cette question. Et plus encore : à ses yeux, il était un génie qui partageait son désir irrésistible de l'absolu. Allait-elle l'aimer autant qu'elle en avait le désir ? L'aimer aussi fort qu'elle l'admirait ?

Les vacances étaient passées et, en ce premier jour d'octobre 1833, Balzac fut obligé de rentrer à Paris. Mais on se promit, en présence du mari, de se retrouver très vite et pourquoi pas à Genève, où les Hanski prévoyaient une halte en décembre. Le soir de son départ, Eveline écrivit à son cher frère : « J'ai enfin fait la connaissance de Balzac. Tu te souviens que tu as toujours prédit qu'il mangerait avec son couteau et se moucherait dans sa serviette ? Eh bien, s'il n'a pas tout à fait commis ce dernier crime, il s'est certainement rendu coupable du premier. Mais tout ceci est surface. L'homme lui-même a quelque chose qui vaut bien mieux que de bonnes ou de mauvaises manières, il a du génie qui vous électrise et vous transporte dans les plus hautes régions intellectuelles, ce génie qui vous emporte hors de vous-même, qui vous fait comprendre tout ce qui a manqué dans votre vie. Il m'aime et je sens que cet amour est la chose la plus précieuse que j'aie jamais possédée et qu'à partir d'aujourd'hui il jouera dans mon existence le rôle d'une torche lumineuse qui sera constamment devant mes yeux éblouis. »

*

Et la correspondance reprit, tandis qu'à Paris Honoré se remettait au travail pour éponger quelques dettes et repousser les créanciers les plus vindicatifs. Enfin, il lui fallait trouver les fonds qui financeraient son prochain départ pour la Suisse, et ses retrouvailles avec « sa toute précieuse étoile » deux mois plus tard. Mais décidément, la chance lui souriait autant que l'amour. Un ami lui présenta la veuve d'un éditeur, dotée d'une belle fortune. Elle lui signa un contrat stipulant qu'elle verserait, contre la publication chez elle des *Scènes de la vie parisienne*, la coquette somme de vingt-sept mille francs-or, soit un million d'euros actuels, en versements échelonnés. Balzac se sentit des ailes. Avec le premier paiement, il put enfin rembourser ses dettes et ne plus envisager qu'une chose : retrouver les Hanski en décembre, avec dans ses bagages le manuscrit achevé d'*Eugénie Grandet* comme cadeau de Noël pour la comtesse. Mais comme il avait déjà dépensé toutes ses premières avances, il écrivit aussi *Le*

Cabinet des antiques. Il travaillait toutes ses nuits, à grands coups de café noir pour tenir, arrimé à son rêve d'Eveline de nouveau dans ses bras : « Maintenant, lui écrit-il, il faut travailler jour et nuit. Quinze jours de bonheur à conquérir à Genève, voilà les paroles que je trouve gravées en dedans de mon front et qui m'ont donné le plus fier courage que j'aie jamais eu. » Il cassa deux fauteuils sous lui et ne dispersa son attention que pour écrire à son amour, dont il attendait fébrilement les lettres. Dans le même temps, il écrivait aussi des lettres pleines de révérence et de politesse pour le comte et la comtesse, qu'il adressait directement à Mme Hanska, et destinées à être lues en famille.

Il ne se rendit à Genève que pour le 22 décembre. Il avait voulu attendre la réaction de la critique à son *Eugénie Grandet* – elle fut unanimement dithyrambique. Et le versement de ses premiers droits lui permit de partir pour la Suisse l'esprit libre, et le sac nanti de cadeaux pour toute la famille Hanski – des produits de sa Touraine pour tous et des livres pour Eva : la poésie d'André Chénier, dont elle lui avait dit qu'il était son poète préféré, et un recueil de poèmes du Polonais Mickiewicz. Il avait fait faire des habits luxueux comme il les aimait, ses fameuses robes de chambre blanches, ses guêtres beurre-frais et ses vestes aux boutons marqués à ses initiales. Il emporta aussi le manuscrit encore inachevé de *La Duchesse de Langeais,* qui prenait acte de sa rupture avec Henriette de Castries, qui l'avait mené en bateau sans rien lui accorder pour travailler sur place. Quelle ironie ! C'était à Genève, à l'hôtel de la Couronne qu'il l'avait quittée lorsqu'il avait compris qu'elle ne lui accorderait rien, ni une nuit ni sa main. Il s'installa à l'hôtel de l'Arc le 22 décembre 1833, dès son arrivée. Il allait rester quarante-six jours à Genève !

Pendant ces jours enchanteurs, tous ensemble, ils firent des excursions « littéraires » à Ferney sur les traces de Voltaire, à Coppet sur celles de Mme de Staël, à la villa Diodati sur celles de Byron. Ils contemplaient ensemble le décor magique des montagnes immaculées dans les lointains et chaque jour semblait accroître la passion d'Honoré. Il était invité chez les amis russes et polonais du couple et il s'appliquait à les séduire tous pour mieux la conquérir elle. Il jouait avec la petite Anna et rayonnait de bonheur. Alors même qu'ils vivaient dans la même ville, et qu'il avait déménagé dans une pension plus proche de la résidence des Hanski, la maison Mirabaud, il ne pouvait s'empêcher de continuer à écrire des lettres passionnées, maintenant mâtinées de termes russisants rappelant les lettres enflammées de Catherine II à son Potemkine : « Très chère souveraine, sublime reine de Pawofka et lieux voisins, autocrate des cœurs, rose d'Occident, étoile du Nord », et de signer : « Son humble moujik Honoreski ».

Il était fou d'elle, mais elle restait lointaine, inaccessible, et les quelques heures où elle accepta de le rejoindre dans sa chambre, voilée de noir jusqu'aux chaussures, elle ne se donna pas. Il avait terminé le manuscrit de *La Duchesse de Langeais* et le lui avait donné à lire. Elle y vit le reflet de son véritable tempérament : sensuel, désordonné et volage. Elle l'avait vu dans les salons, au milieu de ses admiratrices qui roucoulaient autour de lui. Jalouse ? Oui, elle l'était, et redoutait de perdre son honneur dans les bras d'un homme qui l'abandonnerait aussitôt. « Mon ange, tout ce que j'écris, c'est pour toi ! » Cette phrase fit fondre ses réticences. Elle lui avoua :

– Vous représentez pour moi la France, la France passionnée avec son grand idéal. Tout ou rien ! La France, union magnifique du Nord et du Midi. Je vous aime de tout mon cœur, de toute mon âme, de…

– Aime-moi de tout ton corps, coupa Balzac qui avait décidé de poser son ultimatum.

Il avait encore à l'esprit les rebuffades d'Henriette de Castries, qui s'était jouée de lui et l'avait ruiné en l'entraînant d'un pays à l'autre, d'une capitale à l'autre, en promettant tout sans jamais rien lui accorder.

Et, péremptoire et sanguin comme il savait l'être parfois, il ordonna :

– Demain ! Viens, demain !

Et il lui annonça dans la foulée qu'il avait pris le parti de rentrer à Paris pour remettre son manuscrit à son éditeur, et qu'il avait fixé la date au 5 février. L'annonce de ce départ affola Eva Hanska. Le lendemain, 26 janvier, elle le rejoignit dans sa chambre, toujours voilée jusqu'aux pieds, et elle fut à lui. « Elle est à moi. Oh ! Les anges ne sont pas si heureux au paradis que j'étais hier », lui écrivit-il le lendemain. Et elle le fut chaque jour jusqu'à son départ, dans sa chambre, où ils connurent « les certaines délices que je venais chercher à Genève et qui te faisaient sublime, ravissante, épouse enfin, à jamais mienne ».

Le rendez-vous de Genève restera dans les annales comme le sceau de leur amour absolu. En effet, ils se ressemblaient : la force des corps, la rondeur des formes, tous deux semblaient issus du même moule, statues puissantes en bronze humain. Balzac demanda à sa muse qu'elle lui donne en souvenir de cette journée un morceau de sa robe grise, pris dans l'ourlet, et le lui offre comme un talisman ! « Chère, chère chérie, je t'aime comme on aimait au Moyen Âge ! » écrit Balzac.

En vérité, il resta quinze jours supplémentaires à Genève, dans la douceur émolliente du lac Léman. Le comte Hanski aimait la montagne et avait le bon goût de partir en randonnée, ou de répondre aux invitations de banquets d'alpinistes. Les deux amants s'échappaient alors vers les endroits les plus sauvages, pour ne pas être surpris dans leurs effusions. Leur but préféré était la pointe de la Bise, où ils découvraient quantité d'oiseaux, canards, cygnes, grèbes, foulques, mouettes rieuses qu'ils observaient ensemble, l'un contre l'autre, main dans la main. Dans ces moments de douceur, il lui exposa, à elle qu'il considérait comme « la femme de ses écrits », autrement dit son inspiratrice, ses projets de romans, et ses brouillons. Elle l'écoutait, attentive, et parfois lui donnait son avis, avec retenue et une intelligence inflexible, et ce légendaire « esprit terre à terre » qu'elle avait hérité de cette région aux confins de l'Ukraine et de la Pologne.

Il fut convenu, au moment du départ, qu'ils se retrouveraient à Vienne par où les Hanski devaient passer après leur grand tour d'Italie. Et il lui écrit, multipliant les petits noms, les adaptant à ses déplacements. « Cara contessina », « mon Evelette chérie », « Loup-Loup », qui deviendrait « LpLp », « Loup-loup d'amour », « ma mignonne »... Il n'a plus qu'un rêve, l'épouser, dès que son riche mari sera décédé, ce qui ne saurait trop tarder à considérer son grand âge.

*

Rentrée dans son palais doré au milieu de la campagne ukrainienne, Mme Hanska attendit les lettres que lui écrivait Balzac, toujours plus passionnées, en même temps qu'elle réfléchissait à sa situation. Elle brûlait du désir de tout quitter, et de le rejoindre à Paris, ce qu'il ne lui avait pas demandé. Comment assurerait-il son entretien ? Elle vivait sur un très grand pied, comme il venait de s'en assurer en Suisse et chez leurs amis. Mais désormais, elle s'irritait d'être chez elle, dans son magnifique château. Il lui manquait. Il lui écrivait qu'il l'aimait, et de plus en plus. Mais que lui coûtaient ses serments ? Elle n'avait pas oublié les pages de *La Duchesse de Langeais* qu'elle venait de découvrir et des noms, qui étaient revenus dans la bouche de ses amis à Genève, chantaient la même chanson sur la fidélité de Balzac. Laure de Berny, par exemple. Elle adressa ses questions à ses amis qui vivaient à Paris et qui fréquentaient la colonie russe, alors très présente dans la ville des Lumières, et ces amis parlèrent. Ils ne dressèrent pas le portrait d'un jeune homme effarouché. Et puis il y eut l'incident de la lettre. Le comte Hanski n'avait jusque-là rien soupçonné de l'adultère d'Eva, mais Balzac fit une erreur qui manqua d'avoir des conséquences fatidiques. Il se trompa d'enveloppe : au lieu d'adresser sa lettre brûlante de passion à Eva, il la glissa dans l'enveloppe destinée à la famille. Comment, autrement que dans le sens où ces phrases avaient été écrites, pouvait-il interpréter ces mots sans s'effondrer : « Oh, mon ange, mon amour, ma vie, mon bonheur » ? Et comment, lui, le vieux comte, pouvait-il entendre ou comprendre les divagations d'Honoré de Balzac sur sa vieillesse : « Aimeras-tu mes cheveux blancs ? Ils s'étonnent tous que l'on puisse produire ce que je produis, et disent que je mourrai. Non, trois jours près de toi, c'est reprendre de la force et de la vie pour mille ans. Adieu, mille baisers, j'ai tenu ce petit bout de pervenche entre mes lèvres en t'écrivant. »

On ne sut pas par quelle astuce la comtesse arriva à amadouer son époux, et à empêcher la rupture définitive ; mais elle sortit de l'entrevue qu'ils eurent à ce sujet blanchie de tout soupçon, et alerte. Elle avait même profité de ce face-à-face houleux pour lui suggérer d'aller en Autriche où Balzac, la conscience pure comme du cristal, pourrait les retrouver. Le comte accepta.

À Paris, Balzac, dans l'attente impatiente et nerveuse de leurs retrouvailles à Vienne, se remit à écrire. Il lui fallait gagner de l'argent avant ce départ. Alors il s'attela à la rédaction de nouveaux romans avec acharnement, le ruban de robe grise dans la main :

« Si tu savais combien de superstitions tu me donnes. Dès

que je travaille je mets à mon doigt le talisman, cet anneau sera à mon doigt pendant toutes mes heures de travail, je le mets au premier doigt de la main gauche, avec lequel je tiens mon papier, en sorte que ta pensée m'étreint, tu es là avec moi, maintenant au lieu de chercher en l'air mes mots et mes idées, je les demande à cette délicieuse bague et j'y ai trouvé tout Séraphîta.

«Amour céleste, que de choses j'ai à te dire, et pour lesquelles il faudrait les saintes heures pendant lesquelles le cœur sent le besoin de se mettre à nu. Les adorables plaisirs de l'amour ne sont que les moyens d'arriver à cette union, cette fusion des âmes. Chère, avec quelle joie, je vois mes fortunes de cœur, et le sort de mon âme assurés. Oui, je t'aimerai, seule et unique dans toute ma vie. Tu as tout ce qui me plaît. Tu exhales pour moi le parfum le plus enivrant qu'une femme puisse avoir, cela seul est un trésor d'amour. Je t'aime avec un fanatisme qui n'exclut pas cette ravissante quiétude d'un amour sans orages possibles. Oui, dis-toi bien que je respire par l'air que tu aspires, que je ne puis jamais avoir d'autre pensée que toi. Tu es la fin de tout pour moi. Tu seras La Dilecta jeune, et déjà je te donne La Prédilecta, ne murmure pas de cette alliance de deux sentiments, je voudrais croire que je t'aimais en elle, et que les nobles qualités qui m'ont attendri, qui m'ont fait meilleur que je n'étais, sont toutes en toi.

«Je t'aime, mon ange de la terre, comme on aimait au Moyen Âge, avec la plus entière des fidélités, et mon amour sera toujours plus grand, sans tache, je suis fier de mon amour. C'est le principe d'une nouvelle vie. De là, le nouveau courage que je me sens contre mes dernières adversités. Je voudrais être plus grand, être quelque chose de glorieux pour que la couronne à poser sur ta tête fût la plus feuillue, la plus fleurie, de toutes celles qu'ont noblement gagnées les grands hommes. N'aie donc jamais ni défiance, ni crainte; il n'y a pas d'abîmes dans les cieux. Mille baisers pleins de caresses, mille caresses pleines de baisers. Mon Dieu, ne pourrais-je donc jamais te faire bien voir combien je t'aime, toi, mon Ève.»

*

Il attendit avec angoisse leur prochaine rencontre à Vienne où il voulait situer l'action de son prochain roman et il lui semblait que ce départ n'aurait jamais lieu. Quand elle lui parvint, la proposition de la rejoindre dans la capitale autrichienne l'emplit de toute l'énergie dont il avait besoin pour entamer l'énormité du chantier d'un nouveau livre. Il avait un besoin vital d'un nouveau projet et de voyage et il décida que l'Autriche serait un repérage pour ses futurs décors : «À Vienne, je ferai mes reconnaissances sur le Danube pour mieux peindre la bataille de Wagram, et le combat d'Essling qui sont mon ouvrage de l'hiver prochain en Ukraine… si vous le voulez.»

Le voulait-elle encore? Elle était sous le coup des bavardages de ses amis russes à Paris et des ragots qu'elle avait suscités avec ses questions. Mais elle désirait le revoir. Elle était toujours amoureuse. Elle lui réserva une chambre à l'hôtel de la Poire d'or tandis qu'ils résideraient tout près, à la Walterisches Haus. Il fut ravi de la proximité des deux établissements, certain qu'elle lui permettrait de retrouver Eva dès qu'elle aurait un instant libre, et tout aussi heureux de visiter cette ville aux cinquante palais avec elle, dans la tiédeur fleurie du mois de mai. Avec les amis du couple, ils filaient écouter les petits orchestres qui jouaient dans les parcs. Aussi gourmands l'un que l'autre, ils dégustaient, sous les candélabres et les stucs peints, les chocolats chauds coiffés de crème onctueuse. Mais pour ce qui était des rendez-vous amoureux dans sa chambre, il semblait qu'il n'en soit plus question. Eva avait pris ses distances. Songeait-elle à rompre ? Craignait-elle pour sa réputation et estimait-elle qu'il ne valait pas le prix d'un scandale ? Elle avait compris que dans cette horrible hypothèse, qui heurtait profondément son orgueil d'aristocrate, si son mari exigeait le divorce qui serait prononcé à ses torts, Balzac n'avait aucun moyen de l'entretenir. Il lui avait parlé de ses nouvelles dettes, et de ses problèmes d'argent. Serait-elle privée d'Anna ?

Dans la société viennoise où le nom des Hanski jouissait d'une belle aura, les obligations officielles du couple ne facilitaient pas les choses et ne laissaient guère de loisir aux rendez-vous ardents, mais pourquoi ne cherchait-elle pas un moment propice ? Il était frustré, et plus encore par les rares baisers qu'il parvenait à lui voler entre deux portes. Pour calmer son inquiétude, il se remit à écrire, chaque nuit, certain que sa plume restait sa meilleure arme pour la reconquérir si par malheur il l'avait perdue, et ce fut *Le Lys dans la vallée.* Il est heureux de ce qu'il voit grandir sur la feuille de papier, par la magie de l'encre et de son travail : «Je ne crois pas avoir fait de plus belle œuvre comme peinture intérieure», lui confia-t-il.

Ce roman connaîtra une curieuse et précoce destinée en Russie car, en 1836, Buloz en vendit les droits pour une édition en français à Saint-Pétersbourg. Balzac entrera dans une colère noire quand il l'apprendra, car l'ouvrage fut publié sans corrections, et sans que son éditeur l'ait informé ni payé. Et pourtant, cette indélicatesse rendra Balzac plus célèbre encore dans l'Empire. Grâce à *La Revue étrangère*, ses romans furent publiés à Saint-Pétersbourg en même temps qu'à Paris, à une époque où l'élite de la société russe parlait le français aussi bien que sa langue maternelle. Beaucoup plus tard, Balzac, conscient de son succès et de sa célébrité là-bas, envisagera même, lors de la révolution de 1848, de s'expatrier à Saint-Pétersbourg et d'y vivre de la publication de ses romans dans *La Revue étrangère.* Il conseillera d'ailleurs cet exil à son ami, Hector Berlioz. Le compositeur, fatigué d'être méconnu à Paris, épuisé par un travail sans reconnaissance, pauvre et perdu, était parti pour la Russie où effectivement, comme le lui avait prédit Balzac, on lui réserva un accueil triomphal, et on lui fit une gloire immense. Au moment de son départ, Balzac offrit à Berlioz une pelisse de fourrure, la seule qu'il possédait.

Lui aussi rêvait de la Russie, et de ses paysages. Il avait travaillé sur ce thème, plutôt nouveau dans son œuvre, dans

Le Lys dans la vallée. Il y avait traduit sa perception profonde des espaces russes qui le transportaient et transportent encore le cœur de ses lecteurs. Dans ce roman, le point déterminant ne fut pas le personnage pourtant si important de Mme de Mortsauf, ni une étude de la pureté dans le sentiment amoureux, non, ce fut en premier lieu l'acuité de son regard sur un tableau naturel, une obsession géographique. Il le confia à Mme Hanska : «Je veux aborder dans ce livre la grande question du paysage en littérature.»

Cette double envie de Russie et de sa maîtresse le taraudait. Dès juillet 1833, dans sa correspondance, Balzac commença à évoquer l'éventualité d'un voyage au pays des tsars. Il en reparla à Mme Hanska à Genève en janvier 1834 avant de prendre congé. Cela devint une obsession. Il désirait à tout prix partir pour Saint-Pétersbourg. Outre le besoin impérieux qu'il avait d'elle, il y avait aussi les dettes qui, de nouveau, s'accumulaient – mais il s'était lancé dans des dépenses extravagantes, telle cette canne à pommeau d'or incrusté de turquoises –, et enfin un certain désenchantement de la capitale française qui tardait à reconnaître pleinement son génie. La tiédeur des critiques à la parution du *Lys,* et surtout à celle du *Père Goriot,* en 1835, pour lequel il avait travaillé jusqu'à vingt heures certains jours, le décourageait. «Quelle caricature de paternité ! Que de mauvaises mœurs ! Que de tableaux cyniques ! Que de femmes adultères !» se déchaînèrent les journalistes. La gazette *La Mode* l'appela «l'inévitable de la librairie». Blessé, Balzac écrivit le 11 avril 1837 : «Il y a eu une journée de désespoir, où je suis allé chercher un passeport pour la Russie. Il n'y avait plus qu'à aller vous demander un abri pour un ou deux ans...»

Balzac n'avait pas vu Mme Hanska depuis leur dernier rendez-vous à Vienne, en 1835, et il lui semblait qu'à Paris tout périclitait. Le journal qu'il avait racheté, *La Chronique de Paris*, pour se lancer dans la politique avait fait faillite et, le 23 avril 1836, il avait goûté de la prison pour avoir refusé de faire son service dans la Garde nationale. Il y fut suffisamment bien traité pour s'atteler aux *Illusions perdues*. À sa sortie, à défaut de Russie, il partit pour l'Italie défendre les droits de la comtesse Guidoboni-Visconti, une éphémère maîtresse, et fit du cache-cache avec ses créanciers son passe-temps favori, au point de s'installer dans une nouvelle demeure, dans l'actuelle rue Raynouard, sous un nom d'emprunt. Il s'essaya au théâtre : son *Vautrin* lui valut les foudres de la censure.

*

Sa correspondance avec Eva Hanska se raréfiait, harcelé qu'il était par ses problèmes d'argent, et désormais distrait par une nouvelle maîtresse de passage, une certaine Mme Breugnol, à qui il avait donné une particule et tout son travail de secrétariat, comme l'entretien de sa maison. Eva lui reprochait maintenant la rareté de ses lettres, elle qui avait eu l'habitude de recevoir plusieurs courriers par jour. Il lui répondit qu'elles «étaient rares parce que je n'ai pas toujours eu l'argent pour les affranchir». Et enfin, la nouvelle qu'il attendait depuis des mois et des mois, sur laquelle il avait parié son avenir, lui parvint : le comte Hanski était mort ! Il avait rendu l'âme le 10 novembre 1841 ! Balzac se vit débarrassé de tous ses soucis lorsqu'il apprit la nouvelle, deux mois plus tard, en janvier 1842, par l'avis officiel, bordé de noir, qu'Eva lui avait adressé sans ajouter un seul mot de sa main. Comme toujours, il mit en marche la machine à rêver. Riche ! Il allait être riche, fabuleusement riche, riche comme on ne pouvait l'être que dans l'Empire des tsars ! Le cartomancien Balthazar ne le lui avait-il pas annoncé, et promis que cette fortune lui tomberait du ciel dans les deux mois ? Il avait vu juste ! Balthazar avait ajouté, en tirant la carte de l'amour : «Vous n'avez jamais aimé qu'elle et vous ne pouvez aimer qu'elle, vous n'aimerez plus personne, c'est physique ! »

Ce mariage avec une riche héritière, il l'envisageait comme l'aboutissement de toute sa vie, le havre qui le mettrait enfin à l'abri des créanciers. Il fut persuadé que sa belle Étrangère l'appellerait à ses côtés dans le même élan que le sien, mais non, elle se mit à atermoyer. Autour d'elle, on lui déconseillait cette mésalliance. Sa tante Rosalie la mit en garde. Et que dirait le tsar ? Le comte laissait une immense fortune et les Hanski comptaient bien qu'elle reste intégralement dans les mains de la famille. Enfin, les rumeurs les plus sordides lui parvenaient de la diaspora russe à Paris. Les scandales, l'argent jeté par les fenêtres, les maîtresses. Elle lui fit savoir sa réprobation. Il se justifia aussitôt : «Voyons ! Un homme est-il une femme ? Peut-il rester de 1834 à 1843 sans femme ? Tu es assez instruite, médicalement parlant, pour savoir qu'on irait à l'impuissance et à l'imbécillité. Tu disais des filles. Mets en balance le besoin impérieux de distraction qu'ont les gens d'imagination au travail perpétuel, les misères, les lassitudes, etc. et le peu de fautes que tu as à me reprocher, la façon cruelle dont elles ont été punies, et tu ne parleras du passé que pour déplorer que nous ayons été séparés… Je suis allé au cirque l'autre jour, je suis allé aux Variétés, je vois des femmes, et je puis te dire que j'ai l'indifférence du vieillard de soixante-cinq ans. Je ne me sens jeune qu'avec toi. Excepté les quinze premiers jours, depuis notre séparation amère dans cette chambre de Heidelberg, le bengali n'a pas été sensible, je suis sans aucun désir. Bien plus ! Il y a vingt ans que je n'ai pas été comme dans notre délicieux voyage, il me faut me reporter au temps de ma jeunesse pour retrouver cet amour-là : je parle du bengali, car pour le cœur, il n'y a pas de comparaison avec quoi que ce soit. »

Avec sagesse, elle lui avait fait jurer non pas une fidélité physique mais « la fidélité du cœur et de la conscience », mais elle restait très affectée. Et puis, avait-elle besoin d'un mari, vraiment ? Elle avait su si bien s'en passer, et la lecture des mystiques dans laquelle elle était désormais plongée ne compensait-elle pas son désert amoureux ? « Je vois avec peine, lui écrit-il le 10 octobre 1842, que vous lisez les mystiques. Croyez-moi, cette lecture est fatale aux âmes constituées comme la vôtre. C'est un poison, c'est un enivrant narcotique. Ces livres ont une mauvaise influence. Il y a les folies de la vertu comme les folies de la dissipation. Je ne vous en détournerais pas si vous n'étiez ni femme, ni mère, ni amie, ni parente, parce que vous pourriez aller dans un couvent si cela vous plaisait, quoique votre mort y serait prompte, mais dans votre situation ces lectures sont mauvaises... » Et pourquoi lui écrivait-elle moins, à son tour ? Il se souvint du carton bordé de noir, sans un mot d'elle, et il y vit un mauvais présage. Il allait avoir quarante-trois ans, et il ne voulait pas tout recommencer. Il comprit qu'il avait peut-être perdu l'amour de sa belle étoile, et qu'il lui fallait refaire son siège pour sauver ce qui pouvait l'être.

Il lui adressa ses condoléances, comme l'exigeaient les convenances, puis enchaîna : « [...] J'ai été cependant joyeux de savoir que je pouvais vous écrire à cœur ouvert et vous dire toutes ces choses que je vous taisais, dissiper les grondeuses mélancolies que vous avez appuyées sur des malentendus si difficiles à débrouiller à distance. Je vous connais trop, ou crois bien vous connaître, pour douter un moment de vous et j'ai souvent souffert que vous doutassiez de moi, bien cruellement souffert, car, depuis Neuchâtel, vous êtes ma vie. Laissez-moi vous le bien dire, après vous l'avoir tant prouvé. Les misères de ma lutte et celles de mes horribles travaux eussent lassé des hommes grands et forts, et souvent ma sœur a voulu tout terminer, Dieu sait que j'ai toujours trouvé le remède pire que le mal ! C'est donc vous seule qui m'avez jusqu'à présent soutenu, et je ne comptais pourtant que sur ce que nous avons vu, aux Chênes... Nous avons été courageux l'un et l'autre, ne seriez-vous pas heureuse aujourd'hui ?... » Puis, un peu plus tard : « Se voir enchaîné, cloué dans Passy, quand le cœur est à cinq cents lieues. Il y a des jours où je m'abandonne à des rêves. »

Elle ne lui répondit pas tout de suite, écrasée par tout ce qu'elle avait désormais à régler de l'énorme propriété, et du procès qui commençait avec les proches de Venceslas qui contestaient à Anna ses droits sur la succession. Était-ce bien le moment, dans l'intérêt même de sa fille, de s'exhiber avec Honoré de Balzac, dont le secrétaire de l'ambassade de Russie à Paris, Victor Balabine – à qui, le 14 juillet, l'écrivain avait fait viser son passeport –, avait dressé un portrait au vitriol ? Dans son rapport informant les autorités de Saint-Pétersbourg « sur les véritables raisons » de la venue de Balzac en Russie, il l'avait décrit sous des traits peu ragoûtants : « Un petit homme gros, gras, figure de panetier, tournure de savetier, envergure de tonnelier, allure de bonnetier, mine de cabaretier et voilà. Il n'a pas le sou, donc il va en Russie ; il va en Russie, donc il n'a pas le sou. »

De son côté, le chargé d'affaires, le comte Nicolaï Kisselev, qui assurait la direction de l'ambassade, fut plus subtil mais tout aussi impitoyable dans sa dépêche chiffrée. Il y précisait que Balzac avait fait viser son passeport afin de se rendre en Russie via Dunkerque, et qu'il lui avait conseillé d'écrire une sorte d'antithèse à l'ouvrage paru trois ans auparavant, en 1839, écrit par le marquis de Custine : *La Russie en 1839*. Il s'agissait d'un portrait à charge contre ce pays qui faisait rêver toute l'Europe, et que Custine présentait comme le plus misérable des royaumes, et sa population comme une majorité de paysans arriérés et incultes. Ce pamphlet qui accablait le pouvoir autocratique était devenu une inépuisable source d'idées pour les détracteurs de la Russie. Prévenu des critiques impitoyables de Custine à l'encontre de l'Empire du tsar, Balzac avait pris immédiatement ses distances avec lui, au point de renoncer à lui adresser la dédicace de son roman, *Le Colonel Chabert.* Mais cela prouverait-il sa bonne foi auprès des autorités russes ? Ce même mois de juillet, il écrivit à sa sœur sur son rêve de départ : «Je ne sais pas si je reviendrai. La France m'ennuie, je me suis pris d'une belle passion pour la Russie, je suis amoureux du pouvoir absolu, je vais voir si c'est aussi beau que je le crois. De Maistre est resté pendant longtemps à Saint-Pétersbourg, j'y resterai peut-être aussi.»

Et Eva qui lui écrivait de moins en moins ! Il la supplia : «Oh ! Combien je désire ardemment d'aller vous revoir ! Mais combien j'attends de vos nouvelles ! Je suis effrayé, maintenant que vous êtes libre, de ne pas avoir de vos nouvelles, après une lettre où vous me dites que vous êtes malade ! [...] Adieu, ma chère chérie ; à bientôt. Je vais essayer de travailler et, comme les enfants, j'ai commencé par une prière ou, comme les poètes, par une invocation [...].»

Enfin, il finit par obtenir son visa et elle, par accepter qu'il lui rende visite à Saint-Pétersbourg où elle devait se rendre pour régler la succession de son mari. Le 19 juillet 1843, il partit pour Dunkerque, où il devait prendre le 21 juillet le bateau pour Saint-Pétersbourg. Il y débarqua le 29. De son côté, le chargé d'affaires russe à Paris avait adressé une dépêche pour annoncer l'arrivée imminente de l'écrivain : « Si le romancier Honoré de Balzac n'est pas encore à Saint-Pétersbourg, il y arrivera probablement incessamment, car il a fait viser son passeport le 14 de ce mois, afin de se rendre en Russie par Dunkerque. Comme cet écrivain se débat toujours dans les difficultés financières et qu'il est en ce moment plus gêné que jamais, il est bien possible qu'une spéculation littéraire soit un des objets de son voyage bien que les journaux affirment le contraire. Dans ce cas, on pourrait profiter des besoins d'argent de M. de Balzac qui possède encore une certaine popularité ici, ainsi qu'en Europe en général, afin d'utiliser la plume de cet écrivain pour donner un démenti de M. de Custine qui nous est hostile et calomnieux. »

Pendant ce temps, Balzac faisait un voyage admirable : huit cents lieues en huit jours. En plus d'une petite malle, il avait emporté un panier dans lequel il avait, pour la route, du biscuit de mer, du café concentré, une bouteille pleine d'anisette. Il but de cette liqueur au nez des douaniers allemands en leur expliquant, dans un français plein d'éclat, que l'Allemagne était, selon sa formule « pays mortellement ennuyeux, ce n'est pas supportable aux honnêtes gens ! ». Pendant la navigation, dans sa cabine, il rêvait interminablement du moment où il reverrait Eva, et de la ville où peut-être il resterait jusqu'à la fin de ses jours. Il en étudiait l'histoire, ainsi que la configuration sur une carte qu'il avait réussi à se procurer, établie par Charles de Saint-Julien. Il repérait le quai de la Neva où il devait débarquer et déjà, il avait appris ce que signifiaient « la grande et la petite Millionne ».

*

Enfin, il y fut, et elle l'attendait. Les retrouvailles, entre juillet et octobre, après huit années de séparation, furent bouleversantes. Elles redonnèrent à Balzac, en quelques jours, une allégresse d'adolescent et à Eva le bonheur de leurs premières étreintes. « Comment ne pas dire tout ce qu'il y a dans cet être de grandeur et de bonté, d'élévation et de douceur, d'intelligence flamboyante et de jeunesse de cœur fraîche, gracieuse, printanière, ce cœur sans égal n'a pas ralenti ses battements depuis sa première émotion. Il sent aujourd'hui comme il sentait à seize ans », écrivit-elle dans son journal. Elle avait d'abord envisagé de le loger à l'hôtel Dermouth, l'un des meilleurs de la ville, sur le canal de la Moïka, près du poste de police, sur l'artère principale du quartier de l'Amirauté. Finalement, elle retint pour lui un meublé, la maison Petroff, tenue par une veuve francophone, Mme Tardiff. Mise en garde par les diplomates russes qu'elle avait rencontrés, elle lui recommanda de garder un certain incognito, et de réduire ses apparitions mondaines. Mais sa célébrité était telle qu'il fut réclamé par les plus grandes dames de la capitale dès qu'on le sut en ville : ainsi la comtesse Nesselrode, épouse du ministre des Affaires étrangères et futur chancelier de l'Empire russe, qui ne toléra plus qu'il soit absent de ses réceptions. Elle était folle de lui : « C'est un vaste champ que celui des sensations. Celui qui a le mieux décrit celles des femmes, c'est Balzac… » écrivit-elle à son fils, le 5 août 1843.

Telle encore la plus prestigieuse d'entre elles, la princesse Galitzine, qu'on appelait « la Princesse de Nuit » à cause de ses légendaires soirées qui ne commençaient qu'à minuit. Sur ses réceptions courues par tout le gotha planait le plus grand mystère. On racontait qu'elle donnait ces fêtes nocturnes depuis qu'un voyant lui avait annoncé qu'elle connaîtrait la fin de ses jours à minuit. Alors elle avait décidé de vivre tous rideaux clos dans son palais somptueux et, sous ses dizaines de candélabres illuminés de métamorphoser chaque nuit en journée de fête. Ses fêtes interminables embrasaient les passions de la ville et ne cessaient jamais.

Balzac fut fasciné par les splendeurs de Saint-Pétersbourg et sa singulière atmosphère. Le vent glacial de la mer Baltique s'infiltrait partout. L'hiver y était impitoyable et sans limites. Le brouillard enveloppait les palais et effaçait les quais dans un halo de lueurs jaunes, fragiles, fantomatiques. Au fil des jours, les brumes de cette Venise du Nord lui devinrent familières, reflétant en quelque sorte les mystères de son amour avec Eva Hanska. Il se mit à aimer follement cette ville, ses maisons ocre, roses, bleu ciel, vertes ou grises, l'immense percée qui s'étire à perte de vue en une double ligne de palais, d'hôtels et d'églises, ses canaux argentés, ses personnages pittoresques aux longues barbes et aux caftans bleus que serraient des ceintures de couleur. Plus tard, revenu à Paris, il aura de violentes nostalgies de la ville : « Ici, tout est allusion à Saint-Pétersbourg. Ces deux mois sont comme un songe pour un pauvre écrivain qui a repris sa chaîne de misère, de travaux. » Ou encore, en contemplant la carte de la ville dépliée sur son bureau : « Je ne peux pas me figurer que je suis à Passy, je vais à ma fenêtre comme si je devais voir la nappe de la Neva et la forteresse ! »

Balzac s'intéressait aussi aux « mystères de Saint-Pétersbourg » : les voleurs y étaient au moins aussi nombreux que les policiers. Il étudia avec attention cette cité considérée comme la ville la mieux bâtie d'Europe, l'aspect imposant des rues et ces soirées d'une douceur enivrante où il rencontrait des femmes qui connaissaient tous ses livres et pouvaient réciter ses pages par cœur. Il s'attarda longuement devant des palais féeriques et quand il se promenait au bras de Mme Hanska, en de longues flâneries sur la perspective Nevski, il se sentait plus heureux que n'importe quel homme, et fier, aussi fier qu'elle : ses livres étaient installés bien évidence aux vitrines des librairies. Il aurait tout acheté chez les antiquaires, et ne se lassait pas de fouiner dans les boutiques des marchands de cuir ou de bibelots. Il affectionnait particulièrement les bâtiments du Gastinnoi Dvor, où s'entassaient tous les produits du nord du pays ou ceux de la mer Noire. Amateur de bon thé et surtout de café dont il faisait un usage immodéré, il goûtait les crus, comparait… mais achetait peu : il n'avait pas d'argent, ou alors très peu, comme à son habitude, et Mme Hanska ne l'aidait pas. Elle avait pourtant hérité d'une bonne part de la fortune de son mari. Une part qui leur aurait permis de vivre amplement. Pourquoi donc ne l'épousait-elle pas ? Elle était pourtant très amoureuse. Le succès qu'il connaissait dans les salons la ravissait – c'était à son bras que restait le grand écrivain ! Elle était attendrie par sa naïveté, sa bonté, son enthousiasme. Il la surprenait toujours, sans jamais la lasser, tantôt si savant, tantôt semblable à un enfant. Elle se savait la maîtresse, la muse et bientôt peut-être, cela ne tenait qu'à elle, la femme d'un génie, la femme de Balzac devant l'éternité.

*

Elle se décida donc à l'épouser. Mais il fallait encore que les affaires de succession soient réglées. Trop d'argent était en jeu et une nouvelle alliance compliquerait son cas. Elle accéléra les démarches et connut enfin le goût de vaincre. Elle fit appel devant le Sénat, cour suprême de justice de l'Empire russe, contre le vieil oncle de son mari qui contestait ses droits à Anne. Son affaire était devenue plus difficile depuis que le tsar avait introduit en Ukraine la législation russe, mais elle était décidée à se concilier les bonnes grâces des hauts fonctionnaires pour aboutir. En vérité, elle n'obtiendra qu'une décision de compromis et finalement, pour dénouer l'affaire, elle acceptera de léguer tous ses biens à sa seule fille.

Quant à Balzac, il était désormais parfaitement accepté dans la société pétersbourgeoise et c'était très important pour ses affaires : pour se remarier, Eva Hanska avait besoin de l'autorisation impériale. Un jour enfin, à la fin du mois d'août, le romancier français fut invité à la grande revue annuelle des troupes, en présence du tsar. Le général Léon Narychkine, dont la famille était alliée à celle de Mme Hanska, était intervenu en sa faveur auprès de l'omnipotent comte Alexandre von Benkendorff, ministre de la Police. Ce jour-là, sur le camp de Krasnoïe Selo, à vingt-cinq kilomètres de Saint-Pétersbourg, il prit un mémorable coup de soleil dont il se souviendrait longtemps.

Balzac ne tarit pas d'éloges sur l'élégance naturelle du souverain : « Tout ce que l'on dit, écrit de la beauté de l'empereur, est réel, il n'existe pas en Europe, ni par conséquent dans les autres parties du monde, d'homme qui puisse lui être comparé. Sa physionomie est glaciale par parti pris car il peut, comme Napoléon, sourire d'une manière irrésistible. »

À Saint-Pétersbourg, Balzac ne changea pas ses habitudes de vie : il écrivait et il lisait, Eva à ses côtés. Un bonheur presque conjugal tissait leurs journées. Elle avait eu peur qu'il la trouve vieillie. Elle fut rassurée. Balzac était un grand défenseur des vertus sensuelles de la maturité féminine. D'ailleurs le lien physique et la force de leur union charnelle étaient incontestables : cette corpulente femme brune et ce gros homme brun se plaisent beaucoup. Depuis leurs retrouvailles, leur amour s'était équilibré entre la sensualité pleinement satisfaite dans les bras l'un de l'autre et l'amour qui reste fondé sur l'admiration réciproque. Il la subjuguait par son esprit et trouvait auprès d'elle sa dernière chance de bonheur et de complicité. Jamais autant qu'avec elle il n'avait pu parler librement de son œuvre, de ses projets. Jamais, lui répétait-il, il n'avait rencontré pareille écoute.

Il l'aimait comme on aime à quarante-cinq ans, c'est-à-dire comme jamais. Il l'aimait comme on respire l'air, comme on boit la lumière. Et, énigme de la création artistique, il faisait passer dans son amour toute la force qu'il avait déployée pour faire naître ses chefs-d'œuvre. Communion des esprits, familiarité des sens, attirance puissante de deux planètes et surtout certitude que leur amour était une décision du destin. Pour eux, l'amour absolu, c'était maintenant ou jamais.

Dans son journal intime, Mme Hanska couchait les élans de cette passion authentique, avec la même certitude que Balzac, dans les mots qu'il y consigna et qui restituait l'impression première des retrouvailles : «Je suis arrivé le 17 juillet, et j'ai eu le bonheur, à midi, environ, de revoir et de saluer ma chère comtesse dans sa maison Koutaïssoff, grande Millionne. Je ne l'avais pas vue depuis Vienne, et je l'ai trouvée aussi belle, aussi jeune qu'alors. Il y avait sept ans d'intervalle, cependant, elle était restée dans ses déserts de blé comme moi dans le vaste désert d'hommes de Paris. Elle m'a reçu comme un vieil ami, et j'ai regardé comme des heures malheureuses, froides, tristes, toutes celles que je n'ai pas passées près d'elle. De 1833 à 1843, il s'est écoulé dix ans pendant lesquels tous les sentiments que je lui porte ont, contrairement à la loi commune, grandi de tous les chagrins de l'absence, et de toutes les déceptions que j'ai eues. On ne refait ni le temps, ni les affections.»

Le 24 décembre – jour de sa naissance, précise-t-elle –, Eva Hanska reprit son journal à la suite de la page écrite par Balzac : « Que pourrait-on ajouter à ces paroles touchantes qui n'en affaiblisse l'exquise naïveté... Cependant il est toujours là, il est toujours présent comme l'étoile qu'on voit sans pouvoir l'atteindre, que j'ai prise pour ma destinée. »

Cependant, Balzac dut écourter son rêve pour rentrer à Paris. Il avait besoin d'argent, comme toujours, et devait s'occuper de ses affaires éditoriales. Il n'écrira jamais le récit de son voyage en Russie qui devait réfuter le point de vue de Custine. « On dit que j'ai refusé des sommes énormes pour écrire une certaine réfutation. Quelle sottise... Je n'écris ni pour, ni contre la Russie. » Mais il attendait toujours d'Eva qu'elle l'épouse, comme il le lui avait mille fois demandé à Saint-Pétersbourg.

Mi-avril 1845, après avoir changé vingt fois de projet, Mme Hanska invita Balzac à venir la rejoindre à Dresde ; il délaissa immédiatement ses affaires, travail littéraire et dettes, avec un appétit immense. À Dresde, il fut de nouveau dans les bras de Mme Hanska, et dans l'intimité de sa famille. Sa fille Anna qu'il avait connue petite, qu'il avait fait rire et portée sur ses épaules, était désormais une jeune et belle fiancée, au bras d'un jeune comte polonais. On s'entendait à merveille, visitant ensemble les musées, la bibliothèque royale. « Incapable de coudre deux idées ensemble », et ne pensant qu'à sa belle Loup-Loup, Balzac reprit son voyage fin septembre et passa une semaine avec elle à Baden-Baden, puis de nouveau, fin octobre, il l'accompagna jusqu'à Naples, achetant encore quelques œuvres d'art en chemin. Enfin, elle lui annonça qu'elle acceptait de l'épouser ! Mais elle ne lui donnait pas de date et posait un préalable à leur union : qu'il règle son passif. Il rentra donc à Paris, en manque d'elle, affreusement seul, et le voyage qu'il fit à Rome en mars 1846 pour la retrouver le temps de quelques semaines ne dissipa pas son extrême répugnance à reprendre une vie de célibataire. Puisqu'elle voulait bien l'épouser s'il réglait toutes ses dettes, ce dont il confia la tâche à un homme de loi, il se prit à rêver qu'ils s'installeraient en Touraine tous les deux. Et il chercha à acquérir un nid de rêve pour leurs amours : « La Touraine est bien belle en ce moment, il fait une chaleur excessive qui fait fleurir les vignes. Ah ! mon Dieu, quand aurai-je une petite terre, un petit château, un petit parc, une belle bibliothèque, et pourrai-je habiter cela sans ennuis, en y logeant l'amour de ma vie ? Plus je vis, plus ces souhaits dorés prennent les teintes des rêves et cependant y renoncer, ce serait pour moi la mort. » Elle accepta l'idée, et vint visiter cette région bénie des dieux. Par deux fois, ils séjournèrent à Tours, en 1845 et 1846, à l'hôtel de la Boule d'or.

Après avoir voulu à tout prix acheter une propriété qui lui rappelle ses souvenirs avec Laure de Berny, il s'enthousiasma lorsqu'il apprit que le château de Moncontour était à vendre. Hélas ! Le prix, quatre-vingt mille francs, fit reculer Mme Hanska, et, une fois de plus, l'espoir de trouver le havre de paix tant attendu fut déçu. Lors de son dernier séjour en Touraine, au château de Saché, il écrivit presque chaque jour à Eva de sa chambre, « cette petite chambre où je vous ai tant écrit, où j'ai tant pensé à vous, et mon premier souci est de vous écrire encore… Je suis levé ce matin depuis cinq heures et je n'ai fait que penser à vous, me rappeler vos robes, vos toilettes, nos promenades et ce que nous disions… Hier, j'ai senti péniblement le poids de la vie, aussi me suis-je jeté à corps perdu dans ce vaste champ où vous êtes partout comme une consolatrice ». Saché, son église, le vieux cimetière, la vallée de l'Indre, ses méandres, ses moulins, que de bonheurs que les Russes connaîtront par le roman du *Lys* : « Honte à celui qui n'admirerait pas ma joyeuse, ma belle, ma brave Touraine dont les sept vallées ruissellent d'eau et de vin. » Puis il voyagea encore avec sa nouvelle famille. On les vit à Berne, à Marseille, à Milan, Venise et Naples, à Civitavecchia. Ils prirent le train, nouveauté de l'époque, mais ces voyages épuisaient Eva. Elle fut enceinte, et il rêva d'être père. Il imaginait bien sûr un fils, qu'il baptisa immédiatement Victor-Honoré, recommandant à sa belle de prendre soin d'elle. Mais le 1er décembre, alors qu'il devait partir pour Dresde où il avait promis d'aller la chercher, elle lui apprit qu'elle avait fait une fausse couche. Il en fut désespéré, « le cerveau tout congestionné ». Enfin, en septembre 1847, elle l'informa que tout était prêt chez elle, en Ukraine, et qu'il pouvait la rejoindre.

*

Il se lança alors dans un voyage que son manque de moyens rendit plus difficile encore, malgré l'enthousiasme qui lui donnait des ailes. Tout d'abord, il partit en train jusqu'à la Silésie d'où une diligence le conduisit à Cracovie dont il admira la cathédrale. Puis il traversa la Galicie en malle-poste, admiratif devant les bois de sapins. Il fut à cinq heures du matin dans la ville de Brody, propriété des comtes Potocki, mais il n'y trouva aucun accueil ni aucun repos : tout était fermé. Enfin, dans l'après-midi du même jour, il atteignit la frontière austro-russe. Il était presque parvenu sur les terres de Wierzchownia, propriété des Hanski !

« Je vis alors de vraies steppes, car l'Ukraine commence à Berditchev. Ce que j'avais aperçu jusque-là n'était rien. C'était le désert, le royaume du blé, c'est la prairie de Cooper, et son silence. Là, commence l'humus de l'Ukraine, une terre noire et grasse d'une profondeur de cinquante pieds, et souvent plus qu'on ne fume jamais et où on sème toujours du blé… » Le samedi 11 septembre, à onze heures du soir, il emprunta une *kibitka* : « Cette voiture de bois et d'osier, traînée avec une vélocité de locomotive, vous traduit dans tous les os les moindres aspérités du chemin avec une fidélité cruelle. » Enfin, c'est une image splendide, il parvient au château de Mme Hanska : « Une espèce de Louvre, de temple grec doré par le soleil couchant. » Balzac était comblé : « Ce charmant château rose a été construit au XVIIIe siècle par l'architecte italien Blerio, avec ses deux pavillons, son bâtiment central à colonnes surmontées d'un fronton avec une frise sculptée, le tout portant curieusement l'influence du style anglais Adam. À l'intérieur, après un grand vestibule à colonnes, on entre dans la grande salle de bal. »

On y pénétrait par un petit escalier privé de la grande et majestueuse salle à manger Empire. Cet appartement avait jadis accueilli des hôtes prestigieux et on prétendait que le spectre du premier mari d'Eveline y apparaissait. Le château passait pour la plus luxueuse résidence d'Ukraine. Trois cents domestiques, un confiseur, un tapissier, un tailleur, un cordonnier attachés à la maison, sans compter un médecin qui exerce également les fonctions d'intendant ! En plus de vingt mille hectares peuplés de trois mille serfs ! Dans ses lettres à sa sœur Laure, Balzac ne tarit pas d'éloges à l'égard de la maîtresse de maison :

« Mme Hanska est indispensable à ses enfants, elle les guide, les éclaire dans l'immense administration de ses biens. Elle a tout donné à sa fille, et je savais ses intentions depuis Saint-Pétersbourg. Je suis d'ailleurs ravi que ce bonheur de ma vie soit dégagé de tout intérêt, et je n'en suis que plus ardent à garder ce qui m'est confié. Je serai dans l'embarras encore pour environ deux années car 1848 sera si difficile à passer que j'aurai besoin encore de retarder de quelques mois l'entier paiement du solde de ma mère, à moins que mes travaux littéraires ne soient très productifs. Il fallait venir ici pour me rendre compte des difficultés de tout genre qui se rencontrent dans l'accomplissement de mes vœux. »

Mais ici, il était heureux. Eva lui avait fait aménager, « comme pour un tsar », un charmant petit appartement composé d'un salon, d'un cabinet et d'une chambre à coucher. Le cabinet, ouaté de tapis persans et de meubles raffinés, dispose d'une énorme cheminée. Les croisées sont tout en glaces sans tain, de sorte qu'il voyait le paysage de tous les côtés. Cependant, le climat d'Ukraine était rude et Balzac, qui n'y est pas habitué, avait toujours froid. Comme il ne sait qu'un mot de polonais, «*prosze*», ce qui veut dire «s'il vous plaît», il appelle : «*prosze*, café.» Ou bien, au moment de sortir pour ses promenades : «*prosze*, bottillons».

*

En Ukraine, Balzac était resté le bourreau de travail qu'il était à Paris, et il lui fallait purger ses dettes s'il voulait que ce nid d'amour soit enfin le sien par les lois du mariage. Un encrier, des plumes de corbeau, un carnet où il notait ses trouvailles et ses idées. Et bien sûr le café qui était devenu sa drogue noire. Il avait toujours sa cafetière. Elle était sa compagne nocturne et il y préparait son mélange secret : bourbon, martinique, moka.

La date du mariage n'était toujours pas fixée. Ses créanciers le poursuivaient de papier bleu avec d'autant plus de fureur qu'il était loin. Balzac, qui avait encore sa mère, était épuisé par ses récriminations permanentes. Eva luttait de son côté contre les problèmes qui l'accablaient depuis la disparition de son mari :

«C'est une personne qui a passé quarante ans et qui a été

très éprouvée. Elle est très défiante et les événements de la vie ont augmenté sa défiance à un point où elle est extrême. Que vous ai-je dit ? Que la comtesse appartenait à une famille nombreuse, qu'elle n'avait eu que tracasseries et chagrins avec les siens. Ses frères lui ont contesté sa dot, ses sœurs lui ont fait mille peines. Elle a été si battue de sa famille qu'elle redoute surtout d'entrer dans une nouvelle famille car celle de son mari l'a tellement poursuivie qu'encore aujourd'hui la fortune de sa fille est en question par deux procès que lui font les parents de son père. »

Mais au-delà de tous les tourments dans l'ombre des familles, de toutes les difficultés d'argent, de tous les rêves effacés par les cruelles réalités, de tous les songes usés par la vie, il était là, avec elle, heureux, réfugié dans cet amour qui perdurait, toujours plus fort. Jusqu'à la fin, Balzac écrira à Mme Hanska des lettres enfiévrées : « Oh, Minette, je baise tes paupières, je savoure ton beau col, à cet endroit qui est comme le nid des baisers, et je tiens tes pattes de taupe dans mes mains, et je sens ce parfum qui rend fou… »

*

Il avait dû repartir, subir encore les tracasseries administratives pour l'obtention de son passeport. Et si le comte Orlov, ministre de la Police, avait adressé un rapport favorable à l'empereur, la réponse du tsar avait été circonspecte : « Oui, mais avec une stricte surveillance… »

Le second séjour de Balzac lui donna sans doute ses plus belles années de bonheur, et la prémonition de sa mort. Il était malade. Et il ne pouvait plus le nier, ni le cacher. Il marchait difficilement, et devait s'appuyer sur le bras de sa bien-aimée pour parcourir les allées de « son château ». Il passa l'hiver 1848-1849 tant bien que mal, mais, en avril 1849, une nouvelle crise se déclara, l'obligeant à différer d'un mois son voyage à Kiev où il désirait se présenter au général Bibikov, gouverneur des trois provinces de Volhynie, de Podolie, et d'Ukraine. Balzac ne pouvait plus marcher sans étouffer. Par deux fois, il fut même victime d'étouffement complet. Mais le médecin ne s'affola pas, et promit pour très bientôt guérison « complète ». Et pourtant, Balzac souffrait le martyre : « Parfois, je suis comme un paquet et j'ai eu des crises où j'ai eu des étouffements à mourir, suivis de vomissements d'écumes blanches pou· mon gauche, le poumon droit est libre. Le cœur est démesurément engorgé, les parois sont épaissies... Je ne puis pas gravir le terrain le moins incliné, ni monter quinze marches, sans aller comme un cloporte. »

Il parvint pourtant à aller à Kiev, dont il rêvait. Ce fut sa dernière joie, sa dernière découverte, le dernier bonheur que lui offrit l'Empire des tsars : « J'ai vu la Rome du Nord, la ville tartare aux trois cents églises, et les richesses de la Laure, et la Sainte-Sophie des steppes. C'est beau à voir, une fois. On m'a comblé de prévenance. Croiriez-vous qu'un riche a lu tous mes ouvrages, qu'il brûle un cierge pour moi, à Saint-Nicolas, toutes les semaines, et qu'il a promis de l'argent aux domestiques d'une sœur de Mme Hanska pour savoir quand je reviendrai, afin de me voir ? » écrivit-il, émerveillé par sa popularité, à Laure Surville, sa sœur.

La sérénité, c'est en longeant le Dniepr qu'il la retrouva avant son retour. Ce fleuve tranquille et majestueux auquel il aurait tant aimé que sa vie ressemble, ce Dniepr décrit par Gogol : « Beau, lorsque, par temps calme, ses flots coulent librement à travers les forêts et les collines ! L'eau ne remue pas, elle ne fait aucun bruit, vous regardez et vous ne savez pas si cette surface majestueuse est en mouvement ou immobile ; immense dans sa largeur, infinie dans sa longueur, elle s'élance et tourbillonne. »

*

Enfin ce fut l'heure tant rêvée. En février 1850, pour mettre fin au procès dont l'issue se faisait de plus en plus incertaine, Mme Hanska prit la décision d'abandonner ses droits sur l'héritage du comte Hanski au profit de sa fille pour pouvoir épouser Balzac. Ils se marièrent le 14 mars 1850 en l'église Sainte-Barbe de Berditchev dans une délicieuse intimité. Balzac fit part de sa joie à l'amie de sa sœur, Zulma Carraud, qui fut sans doute sa maîtresse dans leur jeunesse : « Il y a trois jours, j'ai épousé la seule femme que j'aie aimée, que j'aime plus que jamais et que j'aimerai jusqu'à ma mort. » Ils revinrent à Wierzchownia le soir même du mariage, puis filèrent à Kiev pour régulariser les passeports. Le vieux jeune marié y contracta une ophtalmie. Et puis, sous le dernier chant des oiseaux d'avril, dans la grosse berline de sa femme chargée de bagages, ils quittèrent l'Empire des tsars après que Balzac eut longuement étreint son fidèle serviteur Thomas, les yeux embués de larmes. Au bout de la grande allée, il fit stopper la voiture pour se tourner une dernière fois et embrasser du regard le château qu'il ne reverrait plus, son fronton orné d'une frise où, éternellement jeune, Apollon chevauchait son Pégase lancé au galop…

L'effervescence du printemps ukrainien semblait vouloir le retenir – ce printemps tant aimé de Gogol. À peine la neige avait-elle fondu au soleil, que cette riche terre entrait en amour, en folie, la vie éclatait en couleurs, en parfums. Cette ivresse de la nature qui étourdit les hommes laissa Balzac presque indifférent. Il se sentait mal, déjà ailleurs. Il était diabétique, malade du cœur et ses crises d'étouffement se firent de plus en plus fréquentes. Les époux avaient acquis une maison à Paris, rue Fortunée, qu'ils avaient fait magnifiquement meubler de toutes leurs acquisitions italiennes. Ils avaient hâte de rentrer, tant le voyage s'avérait éprouvant. La terre russe semblait refuser qu'ils la quittent. La boue aspirait les roues de leur voiture, immobilisait pendant des heures la berline. Ils avaient quitté Kiev le 25 avril, ils ne parvinrent à Paris que le 21 mai 1850.

Comble de déconvenue, le domestique chargé de la garde de leur maison était devenu fou. Pris d'un accès de démence, il s'était enfermé à l'intérieur et avait entrepris de tout y briser. Balzac, « qui ne pouvait presque plus voir et à peine marche239r, qui s'évanouissait sans cesse », comme le nota Eva Hanska dans son journal, y vit un mauvais présage.

Il fallut encore se battre, et attendre la fin des travaux de réparation. Dès leur installation, Eva ne cessa plus d'appeler le médecin. Au début du mois de juillet, le docteur Nacquart informa Balzac qu'il ne lui restait que six semaines à vivre, et il lui conseilla de mettre ses affaires en ordre. Et effectivement, à la mi-août, il fallut le rappeler. L'œdème s'était généralisé, et Nacquart ne parvint pas à éviter une péritonite, qui se compliqua d'une gangrène. Le corps ne luttait plus. Le romancier était épuisé par les efforts prodigieux déployés au cours de sa vie et le régime de forçat qu'il s'était imposé. Il entra en agonie le dimanche 18 août 1850 dans la matinée, et mourut à 23 h 30 entre Eva, désormais Mme de Balzac, et Victor Hugo, effrayé de le trouver dans cet état : « Il avait la face violette, presque noire, inclinée à droite, la barbe non faite, les cheveux gris et coupés court, l'œil ouvert et fixe. Je le voyais de profil et il ressemblait à l'Empereur. »

Il était venu veiller son cher ami, en qui il avait toujours reconnu un génie égal au sien et dont le bonheur pour lequel il avait tant lutté, pleinement accompli, n'avait duré que quelques mois…

L'amour dans la vie de Tolstoï

LÉON TOLSTOÏ domina toute la civilisation russe. Plongeant par toutes ses racines dans l'histoire de son pays, l'écrivain fut, en quelque sorte, le héros de son temps. Il le fut par le style de sa vie, par la puissance de sa pensée et par ses amours. Ce noble, ce barine, appartenait pourtant bien plus au XVIIIe qu'au XIXe siècle. Ainsi, son penchant vers l'utopie, sa haine de la civilisation, sa passion pour la vie champêtre et pour la paix de l'âme portée à l'infini, tout cela s'apparentait étroitement à l'esprit de Rousseau, de Voltaire et de Diderot. Son génie exacerbé le poussait à critiquer et à saper toutes les institutions divines et humaines.

Ma passion pour Tolstoï est liée à un souvenir lointain : avant mon départ pour mon premier poste diplomatique en Mauritanie au début des années 1970, ma mère m'avait offert une édition rare : les quatre tomes de son journal intime, publié à Moscou de 1960 à 1964. Ce fut un cadeau très opportun car, en Mauritanie, j'avais tout loisir de lire et relire les confidences de Tolstoï. Nouakchott, la capitale, qui fut jadis un petit fort colonial de quelques centaines d'âmes décrit par Saint-Exupéry dans *Terre des hommes*, compte de nos jours près d'un million d'habitants. Dans les années 1930, avec la construction de l'Impériale, la route reliant Casablanca à Dakar, la localité devint un relais pour les nomades en transhumance et une étape entre Atar et Rosso. Le village fut emporté par les eaux en 1950 et les habitants s'installèrent sur un nouvel emplacement, un peu plus à l'ouest. En 1957, Nouakchott devint la capitale mauritanienne en lieu et place de Saint-Louis, désormais au Sénégal. Le mariage de l'océan et du désert ou, à l'inverse, l'affrontement des deux éléments me rappelait les tableaux de Kandinsky. C'était le bout du monde et nous vivions en vase clos, mais c'était une chance du moins pour moi : ce pays ne présentait pas un grand intérêt stratégique pour la Russie, la pression idéologique était moins forte. En effet, qu'imposer dans ces trois rues en longueur et sept en largeur, bordées de maisons blanches avec ou sans étage et fleuries de lauriers-roses ? C'est là que j'ai dévoré le journal intime de Tolstoï, le lisant et le relisant pour, à la fin, emplir mon propre cahier de notes et d'extraits, qui constituent la trame de ce chapitre.

*

Léon, ou pour être plus précis Lev Nikolaïevitch Tolstoï, naquit le 28 août 1828 dans le domaine familial d'Iasnaïa-Poliana – la claire clairière – dans une famille qui fut souvent en première ligne de l'histoire de son pays. Un de ses aïeuls,

Pierre Tolstoï, fut l'homme de confiance et le chef de la police secrète du tsar Pierre le Grand qui lui conféra le titre de comte. Jeune aristocrate menant une vie légère et dissolue, Léon Tolstoï partit combattre au Caucase et en Crimée. Il en rapporta une aversion pour la guerre et un intérêt profond pour la nature humaine qu'il raconta pour les journaux de l'époque, récits qui furent publiés sous le titre de *Récits de Sébastopol.* Après deux années à l'étranger, il rentra au pays et s'installa dans la grande propriété familiale, où il fonda une école villageoise pour améliorer le sort des paysans. Peu à l'aise dans les cercles intellectuels, il cherchait le réconfort moral au sein de la vie familiale. C'est à cette époque qu'il écrivit *Guerre et Paix* (1869), puis *Anna Karénine* (1877), une peinture des mœurs et de la société russes, qui lui valurent une renommée internationale. Critique du matérialisme et de l'individualisme du monde moderne, Tolstoï prônait les vertus simples de la vie rurale, principale source de la civilisation russe. Toute sa vie, il fut tiraillé entre un tempérament sensuel et volcanique, et une conscience acérée. Son œuvre tout entière peut être considérée comme un vaste ensemble de caractère entièrement biographique. À ses créations personnelles hantées par la recherche de l'amour, le génie de Tolstoï a su donner une ampleur épique et une portée universelle.

Comme le firent Catherine II et Eva Hanska, il se raconte avec une franchise absolue dans son journal intime ! En effet, son tempérament et ses élans vitaux, irrépressibles, l'éloigneront constamment de la paisible vie de campagne qu'il avait choisie et qu'il affectionnait, pour le ramener aux passions déchaînées de son enfance. Comme me l'avait prédit Alexandre Iakovlev, ses carnets et les carnets à l'intérieur de ses carnets, offrent le meilleur sésame pour déchiffrer les énigmes de ce personnage hors pair. Les énigmes ? Ou plutôt le mystère en pleine lumière de sa vie : dès sa tendre enfance, Tolstoï manifesta le désir d'aimer; «aimer le plus fort possible et le plus de gens possible à la fois».

Et pourtant, à la veille de ses quarante ans, il affirma que jusqu'alors le seul sentiment fort, semblable à l'amour, qu'il avait éprouvé avait eu pour objet, alors qu'il n'avait que treize ou quatorze ans, une «grosse femme de chambre au joli minois» : «Mais je répugne à croire que ce fût de l'amour», se reprit-il aussitôt dans son journal.

Qu'en était-il vraiment ? Lors de son séjour à Kazan, au bord de la Volga, où il était allé suivre, chez sa tante, des études universitaires, il parut ne rencontrer aucune jeune fille capable de l'émouvoir, sauf, de loin, et avec candeur, une demoiselle de la noblesse provinciale qui était encore en pension. «Mes relations avec elle n'ont jamais dépassé cet état de pureté qui n'est que le penchant d'une âme vers une autre âme.» Mais cet état de candeur et d'innocence, il ne le garda pas longtemps. Très vite, ses frères l'entraînèrent dans une maison de tolérance et le confièrent à une professionnelle, pour qu'elle le déniaise. Loin d'être fier ou heureux de cette première expérience, le garçon éclata en sanglots. Plus tard, il avouera que «la découverte du péché de chair l'avait effrayé de tout son être». Mais il y revint et bientôt, il fut un assidu de ces lieux de plaisir où la puissance de ses appétits lui fit peur. Il enrageait de ne pas savoir leur résister, de violer chaque soir le serment qu'il se faisait chaque matin de ne plus recommencer. Il aimait follement le plaisir et le haïssait tout autant. Cette contradiction est d'ailleurs perceptible dans toute son œuvre, ainsi dans le passage de *Guerre et Paix* où son héros, Nicolas Rostov, visite une courtisane grecque : « Il tremble de peur, il se fâche et comprend que quelque chose de criminel et d'effroyable se passe devant ses yeux. »

La bonne société trouvait le jeune Tolstoï « spécial ». Paralysé par le trouble atroce qui le faisait rougir en présence des jeunes filles, il ne se résignait pas à s'effacer devant les autres et sa tante, qui lui tenait lieu de mère depuis que celle-ci avait disparu – il n'était alors qu'un bébé –, le réprimandait : « Tu as toujours voulu te prendre pour un original, mais ton originalité n'est pas autre chose que de l'amour-propre. » Quoique son jugement fût fondé, il n'expliquait pas le trouble immense qui le paralysait à la vue d'une jeune fille. Lui qui passait des nuits dans les orgies les plus douteuses de la ville rosissait comme une aubépine à la vue d'une authentique jeune fille. Ainsi, un soir de juin, alors que les rossignols enchantaient la nuit de leurs trilles et que les parfums puissants s'élevaient de la terre russe, la pupille de son père, qui avait vingt ans, vint leur faire une visite avec son mari. Il en fut troublé jusqu'au tréfonds de son cœur. « Sa présence produisit sur moi un tel effet que j'ai dû me priver de la joie d'être content de moi », nota-t-il dans son journal, avec un aveu à peine voilé. Tolstoï était content de lui quand il résistait au besoin violent de se masturber, ce à quoi il échouait souvent. Combien de fois reconnut-il qu'il partait souvent se cacher dans les fourrés pour « surprendre les jeunes filles paysannes d'une manière inattendue, comme un animal sauvage » !

Or, plus il goûtait aux plaisirs de la chair, fût-ce au prix d'un violent dégoût et d'un profond repentir, plus il ciselait, dans ses rêves, l'image de l'absolue perfection féminine. Il caressait l'espoir de la rencontrer un jour, identifiée à un être vivant, et ce rêve ne le quittait pas. Qu'il rencontre une prétendante, et aussitôt, il mesurait son charme à l'échelle de son propre idéal… ce qui entraînait la plupart du temps une terrible déception, et le retour à la débauche. Car Tolstoï, comme en attestent ses journaux intimes, avait été gratifié par la providence d'un tempérament volcanique et d'appétits pantagruéliques. Mais était-ce un cadeau de la providence à ses yeux ? Dans son journal, il avouait souffrir de la puissance de ce flot qui l'emportait sans qu'il puisse résister. Mais sa vigueur charnelle n'était-elle pas liée à une puissance plus générale qu'il traduirait bientôt dans le flot de son écriture ? Une irrésistible pulsion de vie ? La beauté d'une femme le subjuguait et l'intimidait à la fois et, parallèlement à la répulsion que pouvait provoquer chez lui le désir qu'elle lui inspirait, il voyait en elle la grâce de la Madone. Et alors, chaque jour, il priait : « Ave Maria, souvenez-vous de mes défunts et bénissez mes proches. Seigneur, délivrez-moi de la vanité, de l'irrésolution, de la paresse, de la luxure, des maladies et des inquiétudes de l'âme. Donnez-moi, Seigneur, de vivre sans péché et sans souffrance, et de mourir sans désespoir et sans crainte. Avec foi, espérance et amour, je m'en remets à votre volonté. Sainte Mère de Dieu et mon ange gardien, priez pour moi. »

Mais était-ce vraiment un péché, ce désir ? Un péché, cette jouissance inouïe et toujours recommencée ? Était-ce un péché de regarder cette belle fille et de l'aimer ? Après tout, c'était Dieu qui l'avait faite ainsi, avec sa chair, ses fesses, ses seins et ses délicieux petits pieds qu'il adorait voir nus dans l'herbe et qu'il rêvait de tenir dans sa main. Les belles Tziganes, ensorceleuses et libres, qui passaient sur la grand-route d'Iasnaïa-Poliana agissaient sur son désir comme des aimants. Un irrésistible torrent l'emportait alors et sa faiblesse triomphait de ses résolutions ou de ses suppliques au Ciel. Bien plus tard, à un âge avancé, mais alors qu'il ne sera point encore entièrement libéré des appels du désir, Tolstoï parlant de sa jeunesse au dramaturge Tchekhov laissera rêveusement échapper cette confession : « J'étais infatigable ! »

Qui ne sentirait percer dans cet aveu, sous les répugnances du vieux diable travesti en prophète, le brin d'orgueil d'un mâle vigoureux ? Et que pouvait-il faire contre cette animalité exigeante qui le poussait à vivre des étreintes déchaînées et des prouesses charnelles ? Derrière l'aristocrate « comme il faut », il dut reconnaître, à dix-huit ans, l'existence du faune de Scythie. Sa fureur de chair dura plus d'an mais, en avril, une sorte de ralentissement se produisit dans cette course insensée aux excès. Sans doute la lassitude, la satiété y étaient-elles pour beaucoup, mais c'était aussi la saison des fêtes de Pâques et le printemps communiquait à Tolstoï la joie sainte d'une résurrection à caractère mystique, celle qu'exprimerait plus tard Stravinsky dans son ballet emblématique *Le Sacre du printemps*. « On voudrait, écrivit-il, se sentir renaître aussi ; on regrette le passé, le temps mal employé ; on se repent de sa faiblesse, et l'avenir apparaît devant nous comme un point lumineux. » Dès lors, adieu les soirées tziganes, les flammes des bougies dans les miroirs, le champagne, les cartes jetées sur les tapis ! Il avait hâte de revenir à Iasnaïa-Poliana, de retrouver sa chère campagne, et de revenir à « ses fleurs des champs ». Et puis, comme disent les Russes, ne fallait-il pas « beaucoup pécher pour bien expier et se rapprocher de Dieu » ? Dans une pratique semblable, saint Augustin n'a-t-il pas trouvé des réponses adéquates aux défis des forces du Mal ?

Il cessa l'examen de conscience auquel il se livrait dans la rédaction de son journal pendant trois ans. Enfin, en juin 1850, il se contraignit à reprendre cet exercice salvateur, qu'il avait interrompu pour se livrer sans frein aux débauches que lui imposaient ses sens. Coucher sur le papier ses faiblesses, les nommer sans mentir pouvait-il l'aider à les surmonter ? « Impossible de vaincre mes désirs charnels ; et je les surmonte d'autant moins que cette passion a dégénéré chez moi en habitude. » Plus tard, lorsqu'il eut repris la maîtrise de ses instincts, il déclarerait : « Ces trois années d'une vie déréglée me semblent parfois très amusantes, pleines de poésie, utiles même à un certain degré. » Là, dans ces pages, il désigna celles pour qui il avait toutes les faiblesses, le sujet tabou – les Tziganes… «24 décembre 1850 : conformément à la loi de la religion, ne pas fréquenter les femmes… – 26 décembre… Mauvaise journée ; suis allé chez les Tziganes… – 28 décembre… chez les Tziganes. – 29 décembre : je vis comme une véritable brute… Le soir, écrire les préceptes ; ensuite, chez les Tziganes.» Elles l'obsédaient, au point que des années plus tard, elles lui fourniront le sujet d'un drame : *Le Cadavre vivant*.

*

Écrire pour lutter contre la chair lui permit néanmoins d'éprouver le plaisir de cet exercice, et les facilités qu'il avait pour lui. Sa vocation d'écrivain, comme la graine du rosier sauvage, perçait entre les pierres et commençait d'éclore. Pour l'heure, il ne voyait encore dans la littérature qu'un art d'agrément, un passe-temps d'amateur, l'occupation idéale pour fuir ses véritables passions : le jeu et les femmes. Mais elle ne lui fournissait pas de force suffisante pour donner un sens à sa vie. Pris d'un sentiment aigu de vacuité, qu'avait aggravé l'humiliation qu'il avait ressentie à l'hôpital où il avait été confiné pour soigner une maladie sexuelle, il abandonna brusquement sa vie de paresse et ses molles études pour s'engager, à la suite de son frère, dans l'armée.

Mais la virilité de cette nouvelle vie, dans les campements de l'extrême Est russe, au creux de l'immensité du Caucase, ne calma pas ses pulsions. Ce qu'il éprouvait pour les Tziganes se reporta sur les femmes cosaques. Il les contemplait comme le chasseur sa proie. Il avait été surpris par la puissance de l'émoi qu'elles suscitaient chez lui, et qu'il croyait avoir laissé dans les bordels de Kazan où travaillaient les gitanes. Lors d'une reconnaissance, il était tombé sur un groupe de Cosaques qui lavaient leur linge dans un torrent, pieds nus dans l'eau et l'herbe, les jupes relevées sur les hanches et il avait ressenti une puissante érection. Certaines d'entre elles rôdaient, le soir, autour des baraquements militaires. Elles s'approchaient sur un signe, ou bien elles rejoignaient derrière les bosquets de myrtes et de lauriers les officiers ou les soldats qui les appelaient. Elles se donnaient sans retenue pour quelques pièces d'argent ou de nickel et souvent, elles prenaient part aux beuveries qui se terminaient alors en orgies avec une prédilection pour ce fameux amour à la cosaque, qui serait traduit en français par « l'amour à la hussarde », impétueux et sans ménagement. Certaines jeunes filles cosaques n'accordaient leurs faveurs qu'après un simulacre de cour : échanges d'œillades, messages ou cadeaux portés par des indigènes complices. Enfin, il en était d'inabordables qui, l'amphore de cuivre sur l'épaule, se rendaient aux fontaines, sans daigner voir, dans les rues du village, ces militaires de la race des conquérants, qui riaient fort, fumaient la pipe ou jouaient et buvaient avec une brutalité assumée. À vrai dire, aucune ne laissait Tolstoï indifférent. Il s'intéressait à toutes !

C'est peut-être à cette époque de sa vie qu'il prit lui-même conscience de son fétichisme pour le pied féminin : « Il me semble que tout pied nu de femme appartient à une beauté. » Or, au Caucase, les femmes portaient des bottes qui rendaient la contemplation de leurs pieds malaisée, et il ne se lassa plus de cette émotion violente ressentie lorsque de la botte fruste, épaisse, s'extrayait un pied fin et nu. Pas plus que ne s'émoussait son plaisir à contempler les pieds nus des jeunes femmes, l'été, dans l'herbe ou dans le courant des rivières sauvages ; alors il enviait l'eau d'épouser leurs talons, de les caresser, de les lécher jusqu'à l'attache de la cheville et la naissance du mollet. Toutes, elles avaient tant d'emprise sur ses sens et sur ses pensées, qu'il en vint à considérer le mariage comme son unique secours : « Il m'est indispensable de posséder une femme. La luxure ne me laisse pas une minute de répit », répétait-il, comme une antienne, dans son journal ; et de tenter, comme à Kazan, de contrer ce désir irrésistible, et comme à Kazan d'échouer dans ses résolutions. Il l'assouvissait toujours, et après cette jouissance, semblable à une défaite, il ne cessait pas de poser avec insistance cette question : « Est-ce que Dieu, jusque dans ce combat, ne devrait pas intervenir ? » En même temps, il ne comprenait pas pourquoi sa conscience le rendait malheureux de jouir, puisqu'il était tout autant malheureux de son abstinence : « À cause des filles dont je suis privé je reste ici à tuer les meilleures années de ma vie. C'est idiot… Seigneur, accordez-moi d'être heureux ! »

Quand il avait choisi une proie, il utilisait les services d'un vieux Cosaque ivrogne chez qui il avait pris une chambre, comme intermédiaire. L'une d'elles, Salamalida, l'excitait particulièrement. Mais la belle n'était pas intéressée : « Le vieux Cosaque m'a dit hier que cela ne marche pas avec Salamalida. J'aurais tant aimé pouvoir la prendre et la laver... » Et aussitôt, de songer à une autre, ce qu'il se reprochait : « Je n'ai de persévérance ni de constance en rien... Si j'étais persévérant dans mes passions pour les femmes, j'aurais du succès et des souvenirs ; persévérant dans la continence, j'aurais de quoi être fier de mon repos. » Il était jeune. Il avait vingt-trois ans, et il ne savait pas choisir sa voie, ou plutôt il la choisissait sans cesse, et ne s'y tenait jamais. Un jour, il se disait : « Éloigne-toi des femmes ! Le plaisir est si court, si trouble, et le remords si grand ! » Et aussitôt, constatant que l'abstinence rendait son désir plus obsédant, il tentait de légitimer sa consommation : « Mes désirs sont tout naturels. Si je les blâme, c'est que je me trouve dans une situation qui n'est pas normale ! À vingt-trois ans je ne suis pas encore marié ! »

Mais ces sursauts étaient rares. Tolstoï n'était pas doué pour le bon sens, pas plus que pour l'acceptation innocente de la volupté, ou le cynisme ingénu et triomphant des scrupules : « Tard dans la nuit, j'ai rencontré un Cosaque qui embrassait sa petite Cosaque. Je me suis rappelé avec plaisir certaines nuits d'orgie, et les matins surtout, à la sortie [...] la délicatesse de la fraîcheur matinale, la pureté retrouvée, certes, mais aussi la sensation d'apaisement, le soupir de la chair satisfaite, comme allégée et fondue dans l'aurore. » Dans le Caucase, il usa et abusa des vénales et des rusées, comme tous ses camarades officiers de l'armée du tsar, et plus encore, car ses désirs étaient sans limites. Parfois, il lui arriva de se sentir réellement amoureux. Entre les beautés qui passaient fièrement leur chemin, il en était une, la plus belle, qui s'appelait Marienka, diminutif de Marianna dont il fera l'héroïne de son livre *Les Cosaques*. Il souhaita évidemment approcher l'objet de ses rêves et lui parler et, plutôt que de passer par son ivrogne d'intermédiaire, il montra d'abord patte blanche à son père. Finalement, il fut admis à passer des soirées sous le toit du vieux Cosaque. À partir de ce premier tête-à-tête autour de la table familiale, la jeune fille se singularisa. Il la vit comme un être à part, qui n'appartenait plus ni au paysage, dont elle n'était au début que partie intégrante, ni à ses congénères qu'il regardait comme le chasseur regarde un troupeau de biches. Il la vit comme une femme, au sens charnel, avec tout ce que le mot femme comportait pour Tolstoï de fascination et de secret. Entre cette jeune Cosaque, simple et fruste, et le barine russe, une étrange intimité s'établit. Certes, Marienka gardait ses distances, fière et impérieuse, mais elle n'était plus aussi farouche depuis que son soupirant avait été agréé par son père et qu'il était considéré comme un ami de la maison. Bientôt, elle put sortir avec lui, et ensemble, ils allèrent sur la place du village où se retrouvait le soir toute la jeunesse. À leur tour, ils entrèrent dans les rondes.

Des chants rythmaient les danses. La bien-aimée pénétrait dans le cercle des danseurs et revenait au bout de quelques minutes, le regard étincelant, la peau moite, la gorge un peu palpitante. Et quand les derniers feux s'éteignaient, quand mouraient les dernières notes des accordéons, Tolstoï amoureux raccompagnait la belle chez son père, mais elle ressortait aussitôt, subrepticement, et dans le velours de la nuit, alourdi par le parfum des lis, ils s'enlaçaient sous le ciel criblé d'étoiles. Auprès d'elle, il se souvenait sans nostalgie aucune du caquetage des bals, des mystifications de la fausse politesse et des hypocrisies de la bonne éducation de Saint-Pétersbourg, et des manèges des demoiselles à marier. Là comme ailleurs, sa lucidité, toujours intacte, ne se limitait point au côté moral des choses. Dans les bras de Marienka, contre son beau corps lisse et dru comme une plante vivace, avec quelle ironie féroce il imaginait, là-bas, sous les toilettes à la mode, les «membres faibles, cachés et déformés» des jeunes femmes «de la bonne société»! Il devint le chantre des charmes de l'amour exotique et longtemps, longtemps, jusqu'à ses derniers jours dans l'écriture de son chef-d'œuvre *Hadji Mourat* où il renoncera à ses propos moralisateurs, il évoquera avec une nostalgie puissante les jours bénis de sa jeunesse, sous ces ciels infinis, dans la liberté inentamée de sa vie : «Ah ! si je pouvais devenir cosaque, voler des chevaux, m'enivrer, chanter des chansons, tuer des hommes, sans me demander qui je suis, ni pourquoi je suis ainsi, alors ce serait une autre affaire, alors nous pourrions nous comprendre, alors je pourrais être heureux.»

Le 12 janvier 1854, Tolstoï apprit en même temps qu'il était admis à passer l'examen d'officier, et qu'il était affecté à la 1re brigade d'artillerie, en campagne sur les bords du Danube, en Roumanie. Durant une semaine, tous les soirs, et fort tard dans la nuit, les officiers de la batterie et des postes voisins vinrent trinquer à la santé du nouvel adjudant. Ces messieurs s'enivraient au champagne. Le dernier soir, devant les soldats, Tolstoï prononça quelques mots d'adieu, gauchement. Le jour de son départ du Caucase, il fit célébrer un *Te Deum* – « par vanité », concéda-t-il. Il était malheureux, et le silence dont il entoura la sortie de sa vie de Marienka est sans doute révélateur de sa mauvaise conscience. Ne l'avait-il pas trahie, et avec elle la confiance que lui avait accordée son père ? À la sortie de l'église, il donna un rouble aux pauvres, et sur le point de monter en traîneau, tout à coup, il découvrit qu'il s'était terriblement attaché aux lieux qu'il allait quitter, et qu'il aimait ses camarades. Il neigeait. Un froid terrible s'était abattu sur les montagnes. Il fit claquer le fouet et abandonna, avec le Caucase, quelque chose de sa jeunesse et de son innocence, quelque chose de sa puissance à vivre comme un génie de cette terre qui lui ressemblait tant. Marienka, sa belle Cosaque, guettait-elle derrière un carreau ? L'avait-il au moins avertie qu'il ne reviendrait pas ? Sur elle, à cette date, le journal intime resta muet, comme si elle n'avait jamais existé. Elle avait terminé son rôle et semblait entrer dans l'oubli.

*

De retour à Saint-Pétersbourg, les vices de sa vie ancienne le reprirent comme une vieille et impérieuse maîtresse. De nouveau, il fut dans les cabarets, dans les bordels, dans l'alcool et autour des tables de jeu où il s'endettait follement, comme une grande partie de la jeunesse russe qui hypothéquait les grandes et immobiles propriétés familiales où ils s'ennuyaient pour vivre en ville ou bien parcourir l'Europe jusqu'aux douceurs de l'Italie et de la Riviera française. De nouveau, ce furent les nuits de « champagne », et les retours à pied, à trois heures du matin, « plein de mauvaises pensées ». De nouveau, ce fut ce combat contre sa propre nature, puissante, jamais assouvie et qui le laissait malheureux : « Le libertinage est une chose terrible », pleurait-il dans son journal. Son tempérament ne le laissait pas en paix. Fut-ce par un effet d'exotisme ? À Paris, lors du voyage qu'il effectua en 1860, il le harcela plus qu'ailleurs. Les accrocheuses le troublaient, les « Parisiennes délurées » le choquaient en même temps qu'elles l'obsédaient. Tantôt il suivait une passante, puis abandonnait la piste, « restant ferme », comme il disait, tantôt il succombait et notait dans son journal : « Levé une femme. » Ou bien, tout aussi lapidaire et honteux : « Accompagné la jeune fille jusque chez elle. »

Il quitta Paris qu'il n'aima pas pour la Suisse, où il retrouva avec bonheur deux de ses parentes – des tantes au second degré –, les comtesses Élisabeth et Alexandrine Tolstoï. Elles étaient filles d'un frère de son aïeul, le comte gouverneur de Kazan. Les deux sœurs avaient été acceptées en 1846 comme demoiselles d'honneur de la grande-duchesse Maria, fille du tsar Nicolas Ier, et de ce fait logeaient à la cour. À Saint-Pétersbourg, leur résidence habituelle, Tolstoï avait été reçu plusieurs fois chez elles. Si l'aînée, Élisabeth, avait dépassé l'âge canonique, Alexandrine n'avait que trente-neuf ans et Tolstoï, « du haut de ses trente-deux ans », estimait que les deux comtesses étaient encore trop jeunes pour qu'il les appelât ses « tantes ». Comme elles protestaient, il imagina de les surnommer ses « grands-mères », pensant ainsi effacer la différence d'âge par l'exagération même du terme qui la marquait : « Je ne sais si les demoiselles en furent enchantées, mais cela fut admis », écrivit Tolstoï en toute simplicité.

En vérité, il éprouvait pour Alexandrine une sorte d'amitié amoureuse. Il se sentait gauche comme un jeune homme et cette séquelle d'adolescence ne lui déplut pas. La comtesse avait de beaux yeux, un beau sourire, d'exquises manières, la politesse raffinée des gens de cour, une piété vive, jointe à beaucoup d'esprit, de vivacité naturelle et à une grande chaleur de cœur. Entre elle et son neveu s'établit, en Suisse, un flirt qu'il n'eût tenu qu'à Tolstoï de pousser plus loin. Il semble même que l'idée de mariage l'effleura un court instant, mais il se reprit vite, effrayé : « C'est terrible, comme je m'éprends facilement ! Ah ! si Alexandra avait dix-sept ans de moins… » Cette tendre amitié ne se tarira jamais. Il avait reculé mais pour autant, il se décida résolument à ce mariage dont il avait caressé l'idée, et avec elle, à celle de revenir s'installer à Iasnaïa-Poliana. Alors, il en était certain, il trouverait un peu de paix dans la satisfaction douce et conjugale de ses sens.

Les Russes disent qu'un homme non marié reste un enfant jusqu'à son dernier jour. Tolstoï fit en effet preuve d'une volonté farouche « de tout remettre en ordre dans son âme et dans sa vie». À ses yeux, ce grand ménage devait nécessairement passer par le mariage. Le 1er janvier 1859, il inscrivit sur son carnet qu'il doit «se marier cette année-là, ou jamais». Cependant, une année s'écoula sans qu'aucune démarche auprès d'aucune jeune fille ne lui permît de passer à l'acte. Et en 1861, il était toujours célibataire.

*

Il était de tradition que les jeunes officiers fréquentent les salons des familles de la bonne société. On recevait un jour particulier de la semaine. Les portes étaient alors ouvertes et les jeunes filles se mêlaient aux jeunes célibataires venus faire leur cour, sous l'œil vigilant des parents et des chaperons. Très vite, Tolstoï finit par ne plus fréquenter qu'un salon, celui d'une famille moscovite, les Bers, dont le père était médecin et l'aînée des trois sœurs, Élisabeth, «à marier». Elle comme ses parents étaient persuadés que Tolstoï ne tarderait pas à faire sa demande. Ne devait-elle pas se marier la première, selon la tradition moscovite? Elle attendit donc avec calme la déclaration du comte, d'autant plus que celui-ci se plaisait manifestement avec sa famille. Comment en aurait-il été autrement? Lioubov Bers, la mère de ces jeunes filles, avait à peine trois ans de plus que Tolstoï et elle était cette amie d'enfance dont il avait été amoureux, et qu'il avait autrefois – à treize ans à peine – précipitée du haut d'un balcon dans un accès de jalousie. Quant au père de Lioubov, le grand-père d'Élisabeth, il était l'ami de Tolstoï qu'il retrouvait souvent dans les casinos où il jouait de façon effrénée.

À seize ans, Lioubov avait épousé le docteur André Bers, d'origine allemande ou plutôt, chuchotaient les mauvaises langues, d'origine judéo-allemande. Médecin attaché à l'administration du palais impérial de Moscou et, à ce titre, logé au Kremlin, le docteur était de dix-huit ans plus âgé que sa femme, ce qui ne l'avait pas empêché de lui faire huit enfants : cinq garçons et trois filles. Sophie, la deuxième des filles, avait dix ans en 1854, quand Tolstoï à son retour du Caucase était venu, en uniforme d'adjudant d'artillerie, saluer ses parents au Kremlin. Il s'était assis sur une chaise basse en acajou, recouverte d'une étoffe cerise. Après le départ du visiteur, l'enfant avait noué un ruban à cette chaise. Le 26 mai 1856, à son retour de Saint-Pétersbourg, déjà écrivain célèbre, Tolstoï avait reparu chez les Bers et il avait noté le souvenir de cette journée dans son journal : « Que ces fillettes – respectivement âgées de quatorze, douze et dix ans – sont charmantes et gaies ! » Et depuis lors, quand il se rendait à Moscou, il ne manquait presque jamais de leur rendre visite.

*

Sophie – Sonia pour les intimes – était un esprit original, fantasque et, des trois jeunes filles, elle était celle qui possédait le tempérament le plus vif. Elle fut assez bonne élève pour obtenir son diplôme d'institutrice, mais elle ne dédaignait pas les domaines artistiques. Elle peignait à l'aquarelle et composait de petits récits. Très pure, mais non sans coquetterie, Sophie savait le pouvoir de ses yeux et prenait plaisir aux hommages. Elle était d'ailleurs déjà courtisée par un tout jeune homme, ami de son frère aîné, officier dans la garde à cheval. La troisième sœur, Tatiana, à peine sortie de l'enfance, était sans doute la plus sympathique des trois, la plus radieuse, la plus directe et la plus spontanée. Elle servira d'ailleurs de modèle à Tolstoï pour la composition du lumineux personnage de Natacha Rostov, une des héroïnes de *Guerre et Paix*. Tolstoï expliquera lui-même la composition du nom : «J'ai pris Tania – le diminutif de Tatiana –, je l'ai moulu avec Sonia, et il en est sorti Natacha.»

Personne n'échappe à son caractère. Par son attitude ambiguë, ses hésitations, Tolstoï créa dans la famille Bers un véritable trouble. La sœur aînée Élisabeth le tentait, certes, mais le calcul, à lui seul, ne suffisait pas, car «le sentiment était absent», constate-t-il dans son journal le 22 septembre 1861. Au bout d'un moment, il se mit à lui en vouloir de ses propres tergiversations : «Je commence à la haïr tout en éprouvant de la pitié pour elle», écrivit-il encore le 9 septembre 1861. Dès le lendemain, la pitié avait disparu : «Je me mets à la détester de tout mon cœur!» Cependant, s'il commençait à sentir la fausseté de sa situation, il hésitait toujours à se décider. Et un an plus tard, il en était au même point!

Finalement, au début du mois d'août 1862, Mme Bers, tout amie d'enfance qu'elle était, décida de brusquer les choses. Tolstoï avait disparu de Moscou et s'était retiré pour l'été sur ses terres. Il ne reviendrait certainement pas dans la capitale, et Élisabeth commençait de désespérer. Lioubov décida de simuler un voyage qui passait par Iasnaïa-Poliana et de demander l'hospitalité à Tolstoï. Elle avait un autre prétexte pour faire ce court séjour – selon sa formule « pour embrasser son amie Macha », la sœur de Tolstoï, avant que celle-ci parte rejoindre ses enfants en Algérie.

N'était-ce pas une idée formidable ? En ce temps où l'avenir d'une fille se jouait sur l'excellence de son mariage, les mères se transformaient en remarquables stratèges pour parvenir à leurs fins – placer leurs filles dans les meilleures familles – et Tolstoï, écrivain en vue et propriétaire considérable, était un fort beau parti. De plus, Mme Bers connaissait trop bien « son cher comte ». Il s'agissait d'amener ce perpétuel indécis à déclarer enfin ses sentiments à sa fille aînée. Elle restait persuadée que l'intimité d'un week-end estival à la campagne ne pouvait que favoriser une déclaration, surtout si Élisabeth usait astucieusement de ses charmes. Les trois sœurs confectionnèrent joyeusement leurs robes pour cette partie de campagne ; on loua même un grand carrosse à six places.

Elles partirent à l'aube de Moscou. Au crépuscule, leur équipage atteignit les fameuses tours blanches du domaine d'Iasnaïa-Poliana et il s'engagea dans la longue avenue de tilleuls. Les chants étouffés des oiseaux qui regagnaient leurs nids avaient sans doute un secret message pour l'une d'entre elles. Elles venaient pour la première fois en ce lieu où le destin d'un membre de la famille allait se jouer. En traversant les champs rougeoyants, elles avaient imaginé la demeure de l'écrivain comme un château fort. Mais, lorsque l'attelage déboucha sur la large esplanade, devant les escaliers de la maison, elles découvrirent une charmante gentilhommière flanquée de deux petites tours rondes et coiffée de vert.

Aux yeux des trois sœurs élevées à la ville, ce vaste domaine campagnard revêtait un aspect étrange. Certains détails ne leur échappaient point. Combien le parc était mal tenu, par exemple. Le tracé des allées disparaissait sous les herbes folles et les abords mêmes de la maison étaient envahis par les chardons et les bardanes. Aucun parterre fleuri devant le perron, aucune composition autre que les fleurs sauvages. Mais il y avait les alignements des grands arbres, les perspectives princières de leurs hautes branches, et ces échappées merveilleuses sur l'horizon et le cercle lointain d'une forêt.

À l'intérieur de la maison seigneuriale, tout offrait ce même mélange de noblesse et de simplicité rustique : des plafonds élevés, des salles voûtées, mais des murs blanchis à la chaux, un escabeau fabriqué au village à côté d'une commode précieuse, et des planchers non cirés. La visite annoncée n'était pas attendue pour ce jour-là et les Bers prirent le maître des lieux au dépourvu. Les serviteurs s'empressèrent aussitôt. La tante de Tolstoï, la vieille Pélagie, demoiselle aux cheveux d'argent, les épaules couvertes d'un châle, prononça, avec une bonne grâce aristocratique, évidemment en français, d'antiques formules courtoises, tandis que sa vieille suivante, le regard fureteur, coiffée d'un bonnet de piqué blanc, se confondait en révérences. Les trois filles de Moscou, vêtues à la dernière mode, fières de leurs robes à crinolines, se crurent transportées en des temps jadis, sinon dans l'ambiance du roman de Gogol *Les Âmes mortes*.

On sortit pour faire quelques pas autour de la maison. Une allée de noisetiers prolongeait la façade nord. Devant son péristyle se dressait un orme centenaire appelé « l'arbre des pauvres » sous lequel chaque jour paysans, pèlerins ou mendiants attendaient le comte pour lui demander aide et avis. Le vaste parc s'étendait jusqu'à une rivière ; il était composé d'une succession de petits bois coupés de pièces d'eau. Non loin de la maison, au bout de la plantation de sapins, dans une allée étroite, les promeneurs s'assirent quelques instants sur le banc favori de l'écrivain fait en perches de bouleau.

« Là, il y a la mémoire de la famille exprimée par mes ancêtres, exprimée en moi par mon caractère. Il y a la mémoire universelle, divine, spirituelle. C'est celle que je connais depuis le début du commencement, et d'où je proviens », avait-il écrit de ce lieu. Il était enfin rentré des champs, comme un génie des récoltes, et tout autour de lui, les domestiques se mirent à bourdonner comme des abeilles. Tous les témoins de ce jour particulier confirmèrent l'agitation exceptionnelle de Tolstoï, donnant des ordres à travers la maison. Il était tard, le soir tombait. Pendant que la femme de chambre préparait les lits sur des divans, la jeune Sophie choisit pour couchette un énorme fauteuil auquel on pouvait accoler un large tabouret.

Tolstoï voulut absolument y étendre les draps lui-même et y disposer les oreillers.

Que faisait donc la sœur aînée pendant ce temps ? Élisabeth s'était retranchée dans sa dignité de princesse lointaine et dans la confiance que lui inspirait sa beauté. C'était elle, la jeune fiancée, et elle attendait qu'il vienne lui faire sa cour. Quand vint l'heure du dîner, Sophie, qui avait accaparé l'attention du grand écrivain, inventa un formidable subterfuge. Elle prit un air boudeur et, ses beaux yeux noirs plantés dans ceux d'un gris métallique de son hôte, déclara qu'elle « n'avait pas faim ». Plutôt que de descendre à la salle à manger, elle annonça qu'elle demeurerait seule au balcon du premier étage, « pour contempler la vue », humer l'air du soir et écouter les rossignols. Sa tactique réussit pleinement. Tolstoï répondit immédiatement à cet appel muet. Abandonnant les autres invités, il ne tarda pas à rejoindre la jeune fille. Naïvement, il s'émerveillait de la trouver si directe, si naturelle !

Or, à cette minute, elle jouait un jeu serré. Elle était amoureuse du « fiancé » de sa sœur. Elle était amoureuse de lui depuis qu'elle était toute petite et les visites du bel officier, doublé d'un grand écrivain, avaient décuplé son sentiment. Lui la regardait comme une tendre innocente, comme, selon la formule de son journal intime, investie de « la pureté dans l'âme ». Elle va plus loin encore. Elle soupire, le regarde et lui avoue qu'il l'impressionne.

Tolstoï était plus que beau. À trente-quatre ans, son corps

avait gagné en force. Sa carrure s'était développée et les premières rides donnaient de l'élégance à son visage aux traits taillés à la serpe, un peu ingrat, n'étaient-ce la clarté et la fixité incroyables de ses yeux. Os et muscles, tout avait gagné en épaisseur. On eût dit un ours habillé de tissu anglais, s'il n'avait pas eu ce fameux regard de « loup en rut ». Cette apparence animale était encore soulignée, depuis quelque temps, par le port de la barbe, une barbe aux racines irrégulières, touffue ici, clairsemée là, négligée, hirsute, par des sourcils buissonneux, enfin, par les cheveux longs, à la mode russe, qui encadraient d'énormes oreilles. Toute une rudesse, une virilité qui ne pouvaient que faire frémir une jeune fille romantique, déjà conquise par la légende de ses succès militaires et littéraires. Et de plus, il était comte. Son prestige aux yeux des trois sœurs, il le devait d'abord à ce titre, puis à sa fortune – l'éclat de ses débuts littéraires n'arrivait qu'en troisième position.

Sensible à tout ce qu'il imaginait de pureté dans l'âme de cette jeune fille en extase devant le spectacle des prés inondés de lune, Tolstoï se sentit apaisé. Cette vierge pure agissait sans doute comme un contrepoison à ses amours tarifées et à ses étreintes sauvages avec les filles de rien. Il avait la conscience d'autant plus troublée par ce contraste qu'il avait passé l'après-midi nu dans le foin, contre le corps d'Aksinia Bazykina, la paysanne « à la gorge blanche » avec qui il couchait lors de ses séjours à Iasnaïa, et à qui il avait déjà fait un enfant. Cette aventure charnelle, passionnée, lui faisait horreur comme les autres. Mais il avait cette fille dans la peau et ne parvenait pas à résister à son appel, quand elle apprenait qu'il était dans les lieux et qu'elle venait rôder langoureusement autour de la maison principale. Cette histoire durait depuis l'été 1858. À cette époque, il écrivit, sous le coup de la première rencontre qui eut lieu le 13 mai : «Je suis amoureux comme jamais encore. Je ne pense à rien d'autre.» Et puis, suivant le cours habituel de son évolution, et de ses pensées, le 16 juin il notait : «Je ne peux plus la souffrir.» Ce qui ne l'empêcha pas, en août et septembre de l'année suivante, de succomber à ses charmes et de renouer avec cette paysanne qui lui inspirera une magnifique nouvelle, *Le Diable,* dont le titre trahit à lui seul la nature de la crainte qu'elle lui inspirait. En mai 1860, Tolstoï confia encore à son journal : «Je suis terrifié, à quel point elle m'est proche... Ce n'est plus un sentiment bestial mais celui d'un mari envers sa femme.» Il affirma même «qu'il ne s'était jamais épris d'une femme avant d'avoir aimé passionnément celle-ci». Dans cette nouvelle, le héros, qui ressemble à Léon trait pour trait, lutte contre la tentation symbolisée par cette femme qui paralyse sa volonté par les seuls mouvements de son corps, par ses yeux brillants, ses regards insaisissables et ses vêtements rouges.

Mais auprès de la petite Sophie, ce soir-là, Tolstoï, la chair repue, était tout à son rêve d'idéal... Le lendemain, on organisa avec des voisins un inévitable pique-nique, car les distractions chez Tolstoï demeuraient bornées à deux ou trois rites immuables. Sophie avait mis une robe jaune, garnie d'une ceinture et de boutons en velours noir. Pendant que ses sœurs, assises sur deux rangs, dos à dos, partaient dans une sorte de char à bancs tout en longueur, elle s'arrangea pour accompagner son hôte à cheval. Qu'importe si elle n'avait pas de selle d'amazone, elle enfourcha sa jument baie, et surgit de la corolle que formaient sa robe jaune et son vaste jupon de dentelles comme le pistil d'un lis. Tolstoï sauta sur son étalon blanc. Désormais, la partie était jouée, et perdue pour Élisabeth. C'est ainsi que, contre toute attente, ce ne fut pas elle que Tolstoï demanda en mariage. Ce fut Sophie, l'agréable cadette de dix-huit ans, grande, brune, élancée, hardie et volontaire, aux beaux yeux vifs d'un noir brillant. Sophie qui allait changer la courbe du destin de cet homme versatile, de seize années plus âgé qu'elle. Peut-être était-elle moins séduisante que ses deux sœurs, mais elle était douée d'une nature plus énergique, plus volontaire, et elle avait toujours été amoureuse de Léon. Hélas, elle avait un caractère difficile, et là fut, dès le jeune âge, son principal défaut. La jeune fille emportée annonçait déjà la jeune femme jalouse, exigeante, et la mère de famille passionnée et autoritaire qui cherchera à régner sur son entourage.

Les cavaliers rejoignirent toute la compagnie dans une clairière où se dressait une grande meule de foin. Après qu'on eut servi le thé, Tolstoï, qui se dépensait comme au temps de sa prime jeunesse, entraîna tout le monde à grimper au sommet de la meule pour se laisser rouler jusqu'au sol. Élisabeth, toujours dans son rôle de princesse infroissable, refusa le jeu pour ne pas défaire sa mise impeccable. Sophie excella à ce jeu. Enfin, une fois que tout le foin fut écroulé sous leur poids, on s'installa dans l'herbe tendre, et on chanta en chœur jusqu'au soir. À la nuit tombante, lorsque tout se couvrit de rosée, Sophie respira à pleins poumons cette bonne odeur de seigle qui se dégageait du chaume neuf et des vannures, puis, le cœur content, elle reprit son cheval et rentra en compagnie de Tolstoï en longeant la pommeraie. Les voix des chaumières et les grincements des portails montaient du village dans le crépuscule mauve et doux Quelques aboiements de chiens conféraient à cette heure un sentiment délicieux de sécurité. Au fond du verger, déjà noyé par les ombres, se déroulait un spectacle fantasmagorique. Des paysans avaient fait un feu et, comme échappée d'une fournaise infernale, une gigantesque flamme rouge dansait sur les ténèbres ; autour du feu, des silhouettes qui semblaient découpées dans du bois noir projetaient sur les pommiers leurs ombres géantes ; c'était tantôt une main d'une longueur démesurée, tantôt deux jambes, tantôt un profil, comme au théâtre de marionnettes et ces mouvements, ces éclairages, ces flammes mirent tout le monde en joie : « Il y avait un tel calme, une telle poésie dans la vie laborieuse de ces gens, une telle force d'âme, une telle puissance d'âme », mentionna Tolstoï dans son journal, évoquant cette soirée inoubliable…

*

Le second jour fut celui de la séparation. Les dames Bers poursuivaient mollement leur voyage et annoncèrent qu'elles s'arrêteraient le soir même dans le domaine voisin. À peine y parvinrent-elles que Tolstoï parut, sur son étalon blanc. Élisabeth rougit. Elle s'imaginait encore que «le comte», ainsi que l'appelaient les trois sœurs entre elles, avait par une lourde chaleur fait tout ce chemin à cheval – cinquante kilomètres tout de même – pour la retrouver ! Sophie, elle, ne s'y trompa pas. Le beau comte était ferré. Il fut invité à rester et à passer la nuit chez ses hôtes et la soirée qui eut lieu inspira celle d'*Anna Karénine*, lorsque Lévine fait sa déclaration d'amour à Kitty à force d'anagrammes inscrites à la craie sur le tapis d'une table de jeu. L'écrivain romança évidemment l'événement ; en réalité, sa bien-aimée ne devina pas si vite, dans une sorte d'excitation surnaturelle, ainsi qu'elle le prétendit plus tard. À dire vrai, les phrases étaient bien trop longues, bien trop compliquées pour que cela fût possible. D'ailleurs, nous avons un témoignage du contraire : Tatiana, la benjamine, s'était cachée sous le piano pour se cacher et éviter qu'on lui demande de chanter. À cet instant, racontera-t-elle, Léon et Sophie étaient entrés dans le salon et elle n'avait pas osé se montrer. Un peu plus tard, quand elle saisit la teneur de l'entrevue, et comprit que Sophie volait son amoureux à Élisabeth, elle se fit plus petite encore, mais ne perdit pas un mot du tête-à-tête. Or, dans ses *Souvenirs*, nous lisons : «Il dut lui souffler certains mots.»

La déclaration de Tolstoï en elle-même était assez bizarre, en tout cas difficile à déchiffrer : «V. j. e. v. s. d. b. m. f. c. s. m. v. e. 1. i. p. m. d. ê. h.» Ce qui signifiait : «Votre jeunesse et votre soif de bonheur me font cruellement sentir ma vieillesse et l'impossibilité pour moi d'être heureux.» Et encore: «D. v. f. o. a. d. v. s. m. p. v. s. L. – A. m. á. m. d. v. e. T.» Traduisez : «Dans votre famille on a des vues sur moi pour votre sœur Lisa. Aidez-moi à me défendre, vous et Tatiana.» Ainsi donc, ce n'était pas encore une demande formelle en mariage. Cet aristocrate orgueilleux exprimait simplement la crainte de voir sa demande repoussée, au cas où il la présenterait. Ensuite, s'avouant incapable de sortir seul de la situation délicate dans laquelle il s'était empêtré, il priait les deux sœurs cadettes de l'en tirer, «de le défendre». Mais Sophie, lucide et volontaire, comprit bien au-delà des mots; et surtout qu'avec cet homme indécis, mouvant, elle devait saisir sa chance avant qu'il se rétracte. En effet, Tolstoï venait de faire un pas décisif.

À cet instant, elle portait une robe blanche, ornée sur les épaules de nœuds lilas, d'où s'échappaient de longs rubans qu'on appelait des «suivez-moi, jeune homme». Tout un symbole! Le «jeune homme», en l'occurrence, était plutôt mûr, mais il avait immédiatement répondu à l'appel. Au reste, l'attitude singulière de Tolstoï commençait à être remarquée de tous et notamment d'Élisabeth qui commençait à prendre sérieusement la mouche, et n'acceptait pas que sa cadette s'interpose à tout bout de champ entre elle et son promis. Elle refusait d'envisager qu'elle avait perdu plus qu'une bataille, la conquête définitive du cœur du comte. Elle s'en ouvrit d'une voix sèche à sa mère :

– Sophie veut me prendre le comte. Ces œillades, ces toilettes, ces façons de s'isoler avec lui... Tout cela est très clair.

Cependant, elle se refusait encore à affronter cette dure réalité, et l'affront public que cette défaite impliquait, mettant à mal sa réputation et sa vie mondaine. Son image ne pouvait que pâlir de cette mésaventure, dans laquelle Tolstoï avait largement sa part de responsabilité. Elle conclut amèrement :

– Les hommes ne vous prêtent pas la moindre attention quand on ne cherche pas à leur plaire.

Quelques jours plus tard, le « charmant comte », qui déclarait déjà dans son journal « Je commence à détester Élisabeth », afficha publiquement sa préférence. Ce fut lors du voyage de retour vers la maison de campagne de la famille Bers, située à une douzaine de kilomètres de là. Le comte les avait invitées à repasser à Iasnaïa-Poliana. Lioubov n'y manqua pas. Il ne se passa rien d'insolite pendant la soirée, ni le lendemain, mais au moment de repartir, Tolstoï déclara à sa façon, inattendue et brutale, qu'il les accompagnerait. Et puisqu'il n'y avait aucune place pour lui à l'intérieur du carrosse, il fut décidé qu'il ferait la route sur l'une des deux places situées à l'extérieur et à l'arrière de la voiture. Élisabeth et Sophie, à tour de rôle, devaient s'asseoir à côté de lui. Au dernier relais, les deux sœurs aînées se disputèrent la place et leur mère dut les gronder, à voix basse, pour qu'elles baissent le ton. C'était le tour de Sophie de s'asseoir à côté de Tolstoï mais Élisabeth refusa d'y consentir. Elle avait compris, ou du moins croyait-elle, que ce dernier moment en tête à tête serait l'ultime occasion pour elle de conquérir Tolstoï. Alors, sous prétexte qu'elle étouffait à l'intérieur et que le cœur lui manquait, elle pria Sophie de lui céder sa place sur l'impériale. Sophie dut y consentir sur l'ordre exprès de sa mère, et Élisabeth grimpa sur la banquette arrière.

– Sophie, c'est à votre tour de vous asseoir à côté de moi ! s'écria vivement Tolstoï, debout au bord du chemin, et qui avait assisté à toute la scène.

Mais déjà, la portière de la berline s'était refermée sur Lioubov et ses deux dernières filles. Quant à Élisabeth, elle l'attendait sur l'impériale en réajustant le ruban de son chapeau et les plis de sa robe. Alors Tolstoï, un instant renfrogné, tourna les talons et alla s'asseoir à côté du cocher ! Ce geste, plus que symbolique, eut le mérite d'éclaircir bien des choses. Entre les deux sœurs, la guerre était maintenant déclarée. Ce conflit prit même une forme si ouverte que les autres membres de la famille en éprouvèrent quelque gêne. Pendant les derniers jours d'août et les premiers de septembre, Tolstoï multiplia ses visites chez les Bers D'ordinaire, il faisait la route à pied jusqu'à leur petite maison et débarquait le soir, le visage enflammé, transpirant, mais rayonnant. Un jour, alors qu'un tilbury dételé se trouvait dans la cour, Sophie y monta, Tolstoï saisit les brancards et, d'un puissant coup de reins entraînant la voiture, s'élança au grand trot en criant comme un collégien : «Je promène mon impératrice !»

Il va sans dire qu'on retenait souvent le visiteur à souper, puis à s'attarder sous le ciel poudré d'étoiles dans la tiédeur de la nuit. L'automne russe exhalait à la hâte ses derniers parfums. Au jardin avec les jeunes filles, assis sous la tonnelle, ou bien s'accoudant au balcon de bois, Tolstoï regardait le ciel nocturne, cette palpitation innombrable… « Nuits de folie ! » s'extasiait-il dans son journal. Puis, le 12 septembre 1862 : « Je suis amoureux comme je n'aurais jamais cru possible de l'être. Je suis fou, je me tuerai si ça traîne encore. » Mais qui était responsable de ce retard, de ces mesures dilatoires ? Il ne se déclarait toujours pas. Jadis, il hésitait parce qu'il n'aimait pas assez, maintenant il hésitait parce qu'il aimait trop. En même temps – quel homme paradoxal ! –, il tentait de lutter contre cette flamme car il redoutait d'affronter une déception qu'il imaginait insurmontable. C'est alors que Sophie commit un impair mémorable. Elle choisit de lui lire le portrait qu'elle avait croqué de lui sous le prétexte d'une nouvelle. Flatté, il s'installa sur la véranda, et il l'entendit le dépeindre, à voix haute, sous les traits d'un prince à « l'extérieur singulièrement peu attrayant ». Pire, elle représentait ce prince comme « homme d'un certain âge », « versatile dans ses opinions ».

Quel faux pas ! Quel insupportable camouflet pour le comte Tolstoï, que les gazettes russes décrivaient comme un immense écrivain, le plus prometteur de sa génération pour ne pas dire le seul de son envergure. Cette maladroite taquinerie ranima en lui le sentiment de sa valeur exceptionnelle, une sorte de rage assez dangereuse pour la petite Sophie. Il prit congé et rentra immédiatement sur ses terres. Le soir même, il notait dans son journal intime, en s'adressant à lui-même : « Sale gueule, ne songe pas au mariage. Ta vocation est ailleurs, et c'est pourquoi il t'a été beaucoup donné. »

*

Pourtant, le lendemain, c'est au Kremlin qu'il se rendit, car les Bers, rentrés à Moscou, avaient repris possession de leur appartement de fonction. « Il faut en finir. Ou je me tirerai une balle dans la peau, si cela continue », écrivit-il. Quatre jours allaient encore s'écouler et Tolstoï était toujours en proie à l'hésitation. Il avait pourtant déjà écrit une lettre à Sophie, où il lui déclarait sa flamme, et l'avait même glissée dans sa poche... Cependant, quatre fois, venu en visite, il repartit sans remettre la missive fatidique à l'intéressée. Finalement, le 16 septembre, pâle, tremblant, il rendit les armes. Il courut chez les Bers, se rua dans la chambre de Sophie, lui remit la lettre et s'enfuit en courant pour s'asseoir au fin fond du salon. Sophie, pour la lire tranquillement, s'enferma à clé. Le comte se déclarait-il ? Ou, mal remis de sa plaisanterie, rompait-il leurs liens ? C'est alors que se produisit un scandale.

Élisabeth, qui se retrouvait à l'ouverture de la saison mondaine sans prétendant, avait aperçu le comte descendre l'escalier en courant. Prise d'un désespoir mêlé de rage, elle se mit à marteler du poing la porte de sa sœur :

– Ouvre, cria-t-elle, ouvre tout de suite !

Mais Sophie, qui avait eu le temps de parcourir la lettre, entrebâilla tranquillement la porte.

– Dis-moi ce que t'écrit le comte ! hurla sa sœur aînée.

– Il m'a fait sa proposition, répondit Sophie d'une voix douce, en français.

À ces mots, Élisabeth perdit carrément la tête :

– Refuse ! Refuse immédiatement ! hurla-t-elle à travers ses sanglots.

Trop, c'était trop pour la douce Élisabeth, si bien élevée, si tranquille, si soumise ! Alors leur mère intervint. Elle avait deviné ce qui se passait à la seule vue de leur hôte, tremblant et décomposé, qui s'était posé comme un condamné sur le bord d'un fauteuil et depuis, ne parlait plus. Prenant l'élue par les épaules, elle la fit pivoter et la poussa vers l'escalier :

– Va lui donner ta réponse !

Tolstoï attendait, en proie à une agitation extrême.

Dès qu'il aperçut la jeune fille :

– Eh bien ? demanda-t-il, anxieux.

– Oui, naturellement, répondit-elle.

Quelques instants plus tard, tout le monde dans la maison félicitait les fiancés. À l'exception d'Élisabeth bien entendu, et de son père. En effet, le docteur Bers avait une secrète préférence pour sa fille aînée, et il jugeait la conduite de Tolstoï indécente, contraire aux traditions, et celle de sa fille cadette effrontée. Il prétexta un malaise, et se retira dans son cabinet.

Tolstoï écrivit aussitôt à « sa tendre amie » Alexandrine cette nouvelle bien cruelle pour elle, dont il savait qu'elle en concevrait une vive déception. Il avait jusque-là toujours entretenu l'ambiguïté de leur amitié amoureuse : « Moi, vieux sot édenté, je suis tombé amoureux. »

*

Les fiançailles furent conclues dans la précipitation et, en une semaine, le mariage fut bâclé. Sans doute l'impatience de Tolstoï fut-elle pour beaucoup dans cet empressement, mais Mme Bers n'y fut pas étrangère, elle non plus. Elle avait vu le comte s'enticher d'Élisabeth, car c'était bien pour elle qu'il était venu aux premiers temps de ses visites, puis tergiverser, puis changer d'amour. Elle avait compris qu'avec Tolstoï, si versatile et hésitant, il était préférable de ne pas laisser traîner les choses. Elle se chargea donc d'obtenir le consentement de son mari, tout à fait opposé à ce mariage. Mais pouvait-il repousser un prétendant de ce rang, à la fois riche, célèbre et titré, alors qu'il n'avait aucune dot à allouer à ses filles ? Et puis la malheureuse Élisabeth elle-même, une fois calmée, se montra magnanime : elle plaida la cause de sa sœur auprès de son père, et bien entendu obtint gain de cause.

La semaine entre la déclaration des fiançailles et la célébration du mariage ne s'écoula pas sans troubles. En effet, Tolstoï resta comme toujours « un grand original », pour utiliser la formule de sa propre tante. Et la veille de la cérémonie, lui qui se disait obsédé de vérité, et obligé à toujours la dire, céda à « une tentation de confession ». Il voulut que Sophie sache tout de lui, et de ses antécédents amoureux. Il lui confia alors son journal, en lui demandant de le lire d'une traite. On peut continuer à gloser indéfiniment sur ce geste suicidaire pour un amour naissant, voire le comprendre de la part de n'importe quel homme. Mais Tolstoï ? Lui qui possédait, de façon purement géniale, c'est-à-dire instinctive, intuitive, la compréhension des âmes, de ce qui les animait, de ce qui les faisait frémir, lui qui avait pour tout ce qui vivait, que ce soit homme, femme, fleur ou oiseau, une empathie développée jusqu'à l'hypersensibilité, comment put-il commettre cette erreur avec une jeune fille de dix-huit ans, qui avait des choses de l'amour une connaissance limitée à ce que sa mère avait dû lui glisser avant son départ ? Mais ce génie, capable de mettre dans la bouche de Natacha ou d'Anna Karénine les sentiments les plus profonds qu'aucune femme ne saurait exprimer, que ce fût dans l'amour maternel ou dans les vertiges de la passion, manquait totalement de finesse avec ses proches. Il agissait envers eux avec la subtilité d'un éléphant dans un magasin de porcelaine. Il avait décidé qu'il fallait que sa future épouse, avant de s'unir à lui, le connût « dans toute sa vérité ». Il la lui jeta à la figure. Ce fut peut-être aussi une sorte d'appel biblique, un « Aime-moi avec tous mes défauts, toutes mes horreurs ».

Mais Sophie, une toute jeune fille, nourrie de visions romantiques et de princes en gants beurre-frais, était incapable d'imaginer les turpitudes de son futur mari. Et Tolstoï n'avait pas mesuré la distance qui séparait l'expérience de vie de cette jeune fille de dix-huit ans de la sienne, un homme vigoureux qui avait traîné dans les lits de toutes les prostituées de Moscou et de Saint-Pétersbourg, et les pires encore aux yeux d'une jeune fille de la bonne société – les Tziganes.

Ce ne fut pas là seulement une maladresse, ce fut une véritable faute.

Ce qu'elle lut cette nuit-là produisit sur Sophie, selon ses termes, un « effroyable choc dont elle allait se ressentir toute sa vie ». « Comment peut-il écrire de telles choses ? » se lamenta-t-elle. Et le jour même du mariage, quelques heures avant la cérémonie, fixée pour l'après-midi, Mme Bers trouva sa fille en larmes et, à son côté, ce surprenant fiancé qui lui demandait encore et encore « de bien s'interroger sur ses sentiments » !

Cette fois, elle se fâcha sérieusement et coupa court à la scène… Allait-il se produire ce qu'elle redoutait ? Qu'à l'extrême minute, Tolstoï se dérobe ? Tout le monde le crut. À l'église où, selon le rite orthodoxe, Sophie attendait dans la sacristie qu'on la prévienne que le fiancé l'attendait devant l'iconostase, les minutes s'écoulaient, puis les quarts d'heure, puis l'heure entière sans que le garçon d'honneur vienne la chercher. Lev Nikolaïevitch avait-il changé d'avis ? Avait-il pris la fuite ? Les invités s'agitaient. La famille Bers se tortillait d'embarras sur les bancs. Enfin, on vit apparaître Tolstoï, tout essoufflé. Il avait oublié sa chemise de noces et n'en possédait aucune capable de la remplacer. Il lui avait fallu courir toute la ville pour en acheter une…

Alors la mère de la fiancée prit dans ses mains l'icône de sainte Sophie martyre et, derrière l'image sainte, le cortège s'ébranla. Le mariage fut célébré le 23 septembre 1862 en l'église de la Nativité, au Kremlin. Les mariés partirent le soir même pour Iasnaïa-Poliana. Ainsi l'avait voulu la mariée, quoique Tolstoï l'eût laissée libre de choisir entre un voyage de noces à l'étranger et cette installation immédiate à la campagne. Mais la jeune comtesse ne cachait pas son impatience d'exercer ses prérogatives de maîtresse de maison dans ce «nid de gentilhomme».

Devant l'église, à la lumière des lanternes allumées, la voiture attendait sous une pluie battante. C'était une énorme «dormeuse» à six chevaux, conduite par un cocher, avec un siège arrière pour les valets et pour les malles, rangées au-dessus, en pyramide. Sophie, en larmes et prise de panique, embrassait les siens et éternisait les adieux. Tolstoï commença à s'impatienter. Finalement, la mariée dut s'arracher aux étreintes de ses sœurs. Après les émotions de la journée, l'épaisse averse d'automne, la fatigue de la route, rien ne fut réellement propice à un doux tête-à-tête et à vrai dire, comme en témoignerait Tolstoï lui-même, l'appréhension de la nuit de noces allait «accabler» la jeune épousée. Son mari dut risquer une allusion timide aux mystères prochains. Dans la pesante dormeuse, l'attira-t-il au moins contre lui pour l'embrasser, la rassurer? Fidèle à ses habitudes, Tolstoï fixa tout dans son journal. Au relais de poste où ils avaient décidé de passer la nuit, la gêne reparut entre eux. On leur avait donné la suite dite «du tsar» : de vastes chambres d'une solennité grotesque aux meubles recouverts de soie rouge. Une servante apporta l'inévitable samovar. Sophie se tenait dans un coin, comme une petite fille effarouchée. Se rappelant plus tard cet effroi, Tolstoï écrira : «Quelque chose de maladif.» Elle n'osait ni le tutoyer ni l'appeler par son prénom. «Eh bien, lui dit-il, sers le thé!» Elle tressaillit, obéit, ébauchant chaque geste comme dans un rêve. Bientôt, les piaffements dans la cour, les bruits lointains des écuries cessèrent, les voix se turent dans les salles basses et la dernière lampe s'éteignit. Une obscurité opaque enveloppa la maison de poste et, avec l'ombre, un véritable déluge s'abattit sur le toit : une tempête d'équinoxe.

Le lendemain, Tolstoï nota dans son journal cette phrase sibylline : « Elle sait tout. C'était simple. » L'entrée à Iasnaïa s'accomplit selon le cérémonial ancestral. Dans le vestibule, sa vieille tante Pélagie s'avança pour accueillir la jeune épousée, désormais maîtresse de la maison. Elle brandit l'icône protectrice d'Iasnaïa-Poliana, puis on présenta au couple le pain et le sel selon la tradition russe. À cet instant, une bouffée d'orgueil gonfla le cœur de la jeune comtesse, prosternée à terre. Elle était dans « sa » demeure ! Enfin elle était chez elle ! L'angoisse de la veille avait été balayée dès qu'elle s'était glissée contre son Léon. Et pendant le trajet qui les avait amenés à leur maison, maintenant tout à fait mari et femme, une félicité immense avait germé en même temps dans leur cœur. Ils étaient authentiquement un couple.

*

Le secret de cet amour qui devait ravir les époux durant des années résidait dans une exceptionnelle entente charnelle. Cette passion, chez Tolstoï – utilisons ses propres termes –, fut dès les premiers jours « envahissante, exubérante, enivrante » et ne cessa, jusqu'à un âge avancé, de manifester ses exigences, de puiser dans la vigueur d'un tempérament exceptionnel des forces toujours renouvelées. Car Tolstoï eut toujours ce besoin essentiel, urgent, de faire l'amour, et de faire l'amour à Sophie, comme s'il s'agissait de faire respirer ses poumons. La jeune comtesse en fut certes un peu effarée, quoique flattée, bien qu'elle finisse par arguer, bien plus tard, jalouse et hostile, que les réalités physiques de l'amour ne furent jamais un plaisir pour elle.

Était-ce vrai ? Faux ? La lecture de leurs journaux respectifs – mais Sophie corrigea considérablement le sien au fur et à mesure des années, et de son besoin de se poser en victime – prouve tout le contraire. Se lassa-t-elle de ses nombreuses grossesses, une presque chaque année pendant treize ans ? Fut-elle brisée, tout à fait brisée par la mort de cinq enfants, en bas âge, et surtout par celle du petit dernier, leur « ange » à tous deux, qu'elle aimait passionnément ? Mais une simple mortelle, même amoureuse et ardente, peut-elle vivre sans dommage dans l'ombre d'un demi-dieu ?

Pour les retrouver tels qu'ils furent dans leurs premières années de mariage, passionnés et fusionnels, c'est encore le journal de Léon qu'il faut lire, avec ses confidences écrites sur le vif du sentiment : « Je l'aime, alors que, après un long intervalle de silence en tête à tête, je finis par lui dire : "Eh bien, qu'allons-nous faire ?" Et elle rit… J'aime quand elle se fâche contre moi, qu'elle nie, fait tout à coup les gros yeux, veut paraître méchante et me lance un : "Laisse-moi !

Tu m'ennuies !" Une minute après, la voici déjà qui timidement me sourit... Je l'aime lorsque, fillette en robe jaune, elle avance la mâchoire inférieure et me tire la langue. J'aime à voir sa tête renversée en arrière, et son passionné visage sérieux et effrayé, son passionné visage d'enfant, je l'aime quand... » (5 janvier 1863).

Il arriva même qu'apparaisse, entre deux de leurs fausses querelles, après les tremblements de l'extase, le frisson d'angoisse mystique : « Nous avons senti tout récemment que notre bonheur était effrayant. Nous nous sommes mis en prière... » (1er mars 1863).

Et puis, si Sophie était jalouse, Tolstoï était lui-même fort ombrageux. Un jour de juin 1863, il s'inquiéta de la sympathie que sa femme témoignait à un étudiant instituteur. Un autre jour, il alla jusqu'à faire avancer la voiture d'un visiteur qui s'était montré trop empressé auprès de la comtesse. À vrai dire, dans les premiers temps, les crises de nervosité, chez Sophie, n'étaient pas sans excuses. Il lui fallut s'acclimater. À tout, et surtout à la solitude dans la vaste demeure d'Iasnaïa-Poliana. Tolstoï, tout dispos après les caresses de la nuit, partait à ses affaires dès l'aube et ne rentrait que le soir, de la chasse, des champs, de la ville la plus proche, à moins que ce ne soit du lit d'Aksinia – elle se rappelait tout des confidences du journal. Parfois, les conversations ennuyeuses de quelques voisins en visite ajoutaient encore à son accablement. Et que dire de la routine de la maison : saler des concombres, surveiller la basse-cour ou tapoter languissamment sur un piano. Telles étaient les seules occupations de cette jeune femme active habituée à toutes sortes de sorties culturelles à Moscou.

*

Sous l'influence de « cette enfant » qu'il « adorait », Tolstoï fit rapidement table rase de son passé. Sophie voulait être la « tsarine » seule et unique du royaume de Tolstoï. Aussi exigea-t-elle fermement de son époux que ce qui restait de son passé secret fût sacrifié. À commencer par « sa tendre amie » Alexandrine. Ces rapports d'amitié amoureuse qu'il entretenait avec cette « grand-mère » agaçaient prodigieusement la nouvelle mariée. « Elle ne veut pas écrire aux tantes de la cour », notait-il (1er octobre 1862). Et il ajoutait ceci sous une forme d'aveu : « Elle a tout compris… » Elle exigea de garder le trousseau de clés de la maison au sens propre et au sens figuré. Et même enceinte, elle portait à la ceinture l'énorme trousseau, comme le faisaient jadis les gouvernantes des grandes demeures. Ces clés sur ce ventre : fécondité et commandement, les deux marques de la puissance de cette jeune « tsarine ». Sophie donc prit le pouvoir. Et elle consacra à son mari toute sa vie. Elle fut sa secrétaire, et elle recopiait à la bougie, chaque nuit, les pattes de mouche illisibles de son génial époux pour en livrer des copies parfaites aux éditeurs et aux revues qui les publiaient. Elle géra les propriétés, les titres, la fortune et s'occupait de tout. Elle en payera le prix. On sait quelle haine profonde les disciples de Tolstoï éprouvèrent pour elle durant de longues années. Sans elle, les chefs-d'œuvre du comte auraient-ils été achevés, retranscrits sans erreur, aussi fidèlement ?

Au fil des années, elle devint une sorte de ferment, sinon l'élixir secret et imperceptible, une véritable inspiratrice, et pendant leurs quarante-huit ans de vie commune, elle fut sans conteste sa confidente la plus proche.

C'est elle qui l'aida, l'entoura de soins et de sollicitude, s'occupa de la maison, mit au monde ses treize enfants, se dévoua et se dépensa sans compter pour la santé, le bien-être et, bien entendu, la gloire de son mari.

D'ailleurs, cinq mois avant sa mort, le 14 juillet 1910, Tolstoï lui-même porta sur Sophie cet ultime jugement : « Si tu crains que certains passages de mon journal, écrits sous le coup de nos différends et de nos heurts, puissent être utilisés plus tard par des biographes malveillants à ton égard [...] si c'est cela que tu crains, je suis heureux de saisir l'occasion de définir mon attitude envers toi et mon jugement sur ta vie. Le voici. De même que je t'ai aimée depuis ma jeunesse, de même, je n'ai jamais cessé de t'aimer... Quant à ta vie, voici comment je la juge. J'étais, quand je t'ai épousée, un homme débauché, foncièrement dépravé au point de vue sexuel, je n'étais plus de la première jeunesse ; toi, tu étais une jeune fille de dix-huit ans, pure, bonne et intelligente. En dépit de mon passé de vice et de corruption, tu as vécu près de cinquante ans avec moi, en m'aimant et en menant à mes côtés une dure existence de labeur, donnant naissance à nos enfants, les nourrissant, les élevant et nous soignant tous, sans céder jamais aux tentations qui auraient pu si aisément séduire une femme dans ta situation, robuste, saine et belle. Tu as vécu sans que je puisse t'adresser le moindre reproche. Je ne puis, en effet, te faire grief de ne pas m'avoir suivi dans mon évolution spirituelle si particulière, car la vie spirituelle d'un individu est un mystère entre cet individu et Dieu, et il n'a de comptes à rendre à personne. Si je t'en ai jamais demandé, j'ai commis une erreur et je m'en repens. »

Tchekhov ou la révélation de l'amour

TOLSTOÏ, avec ses chefs-d'œuvre *Guerre et Paix* et *Anna Karénine*, met un point final à une époque. Anton Tchekhov incarne la transition, le pont entre le temps révolu de la Russie immobile des barines et de l'éclat des tsars, et celui des tourments et des tragédies du XXe siècle. La Russie entrait dans une effervescence sociale et politique qu'elle n'avait encore jamais connue. Le servage avait été aboli en 1861, le tsar Alexandre II assassiné en 1881 et, en 1895, Lénine organisait à Saint-Pétersbourg l'« Union de lutte pour la libération de la classe ouvrière ». En Sibérie, les bagnards – politiques ou condamnés de droit commun – étaient soumis à des conditions de détention inhumaines.

Au cœur de ce monde plein de craquements, le 29 janvier 1860, un jeune homme naissait à Taganrog, une petite ville au bord de la mer d'Azov – cette prolongation de la mer Noire creusée dans le grand espace russe. Avec l'humour désenchanté qui marquera son œuvre, sa correspondance et tout son regard sur la vie, Anton Tchekhov évoqua laconiquement sa jeunesse : « Dans mon enfance je n'ai pas eu d'enfance. » Mais ses premières années dans le magasin de son père, à tenir la boutique après les heures d'école, entre ses quatre frères et sa sœur Macha, au bord de la misère, aiguisèrent sa perception du monde et forgèrent sa volonté d'échapper à cette vie monotone et misérable, sous la coupe d'un père sévère et caractériel, oscillant entre les coups de fouet qu'il administrait dans ses instants de colère noire et les larmes de repentir à genoux devant les icônes. Il lui fallut beaucoup de volonté pour entreprendre et réussir ses études de médecine, après s'être mis à exercer des petits métiers pour faire vivre les siens. Mais il était doué. En vérité, il était un vrai fils du XIXe siècle, par son intelligence orientée vers les sciences exactes ; par sa profonde foi dans le progrès et même, par l'impressionnisme de son style. Il savait que quoi qu'il en soit « sur cette terre nous ne pouvons rien comprendre. Seuls les imbéciles et les charlatans comprennent tout ».

À dix-neuf ans, il avait rejoint sa famille qui avait fui à Moscou pour échapper aux créanciers après être resté quelque temps à Taganrog pour liquider la boutique en faillite et trouver un peu d'argent à adresser aux siens. À Moscou, il s'était inscrit à la faculté de médecine, dont il sortit diplômé en 1884 – il avait alors vingt-quatre ans – et il ne lui restait que vingt ans à vivre. Dans l'ancienne capitale de l'Empire, le seul logement qu'avait pu s'offrir le père était un sous-sol sombre et humide où Anton assistait à la déchéance de ses deux frères aînés, qu'il estimait pourtant hautement et jugeait infiniment plus doués que lui.

L'alcool, l'errance dans la ville, le jeu. Ce fut donc lui qui prit les rênes de la famille et, en dehors de ses visites médicales qu'on lui payait rarement, il se mit à écrire des articles et des nouvelles pour des journaux, qu'on lui rémunérait soixante-huit kopecks la ligne. Il écrivait sous divers pseudonymes, sur un coin de table, dans le brouhaha familial et sous le regard fasciné et admiratif de sa petite sœur Macha, qui allait devenir son amie, sa confidente et la gardienne vigilante de son œuvre.

Est-ce à Moscou, dans ce bouge, sous ce climat si rude – glacial l'hiver et étouffant l'été – qu'il finit par contracter la maladie qui décimait la population dans toute l'Europe, et bien plus dans les familles pauvres que dans les riches qu'elle n'épargnait pourtant pas ? Il commença à tousser, puis à cracher du sang. On lui proposa néanmoins un poste de médecin dans une petite ville tranquille sur les bords de la Moscova, à une cinquantaine de kilomètres de Moscou. Là, tout seul dans son logement de fonction, il continua d'écrire ses histoires, avec le sentiment d'une obligation alimentaire à remplir pour aider ceux qu'il aimait. S'il y prenait un réel plaisir, s'il avait une grande facilité à imaginer ces scènes de la vie quotidienne, à les décrire, à croquer les personnages de la rue et de la campagne, il n'avait jamais songé qu'il pût avoir le moindre talent, jusqu'au jour où un écrivain alors très célèbre et très populaire en Russie, lui écrivit pour lui manifester son admiration et lui révéler qu'il était doué d'un talent immense. « Vous vous rendez coupable d'un grand péché moral si vous ne répondez pas à ces espérances », insistait l'auteur de *Du danger de se livrer à des rêves ambitieux.*

L'encouragement produisit son effet et dès lors, Anton Tchekhov envisagea de ne plus se consacrer qu'à la littérature et d'en vivre. Il n'abandonna jamais vraiment son sacerdoce de médecin. Le sort du peuple le préoccupait, même s'il n'adhéra jamais à aucun mouvement politique. Il était convaincu que c'était de justice que les Russes avaient le plus grand besoin, et qu'il pouvait contribuer à son avènement en soignant, et en écrivant. C'est ainsi qu'il partit pour l'île de Sakhaline, en Sibérie, pour aller soigner, étudier et faire un reportage sur ces hommes et ces femmes envoyés dans l'enfer du froid et de l'oubli. La relation de ce voyage jusqu'à ce lieu qu'il désigne comme « un véritable enfer » parut en 1893. Il décrivait les mauvais traitements infligés aux détenus, mais aussi la famine, la prostitution enfantine, la corruption des geôliers et du personnel de l'administration pénitentiaire, et ce texte lui valut la gloire et réveilla les consciences, tant ce qu'il y racontait était atroce. Son dévouement aux hommes et aux femmes souffrants trouva par la suite bien d'autres occasions de s'exercer. La Russie de ces années 1890 était le théâtre de famines terribles et le choléra y sévissait.

*

Et l'amour ? Anton Tchekhov ne semblait pas lui accorder une grande importance. Il voletait d'une fleur à l'autre, sans intention de se poser ni de fonder une famille. Sa maladie, dont il savait tout puisqu'il était médecin, ne devait pas le prédisposer aux projets conjugaux, au risque de laisser derrière lui une veuve et des orphelins. La tuberculose avait un autre effet physiologique sur ses victimes – elle exaspérait les sens et créait, chez les hommes comme chez les femmes qui en étaient atteints, d'énormes besoins sexuels. Avec beaucoup de tristesse et de compassion, Tolstoï a d'ailleurs raconté dans son journal la demande que lui fit son frère quelques heures avant de mourir de tuberculose de faire monter dans sa chambre une prostituée.

La réputation de séducteur d'Anton Tchekhov était établie et il ne s'en cachait pas, même s'il restait très discret sur ses conquêtes. C'est qu'il plaisait beaucoup. Il était joli garçon, avec des traits réguliers, une bouche pulpeuse et bien dessinée, ses beaux yeux noirs légèrement bridés qui trahissaient des ascendances tatares et ses cheveux drus dont les mèches tombaient sur son grand front. Il séduisait beaucoup mais aucune de ses conquêtes n'était parvenue à le retenir ; il n'avait pas davantage tenté d'en retenir une. Il aimait les femmes et les voir s'agiter autour de lui. Lorsqu'il était rentré de Sakhaline, il avait choisi de voyager par la mer jusqu'en Crimée et son bateau avait fait escale à Ceylan. Il avait écrit à ses amis : « Ici, au paradis, j'ai parcouru des centaines de lieues en chemin de fer et je me revois sous les palmeraies et entouré de femmes bronzées. »

Sa mère lui demandait tout le temps quand il se marierait, et elle lui répétait que ce qu'elle voyait pour lui, c'était une riche épouse qui le mettrait à l'abri de cette quête incessante d'argent qui le rendait si malade. Et il est vrai que son séjour à Sakhaline et son engagement dans ses œuvres de charité aggravèrent son mal. À elle, et à tous ceux qui lui demandaient pourquoi il ne convolait pas, il faisait toujours la même réponse, brillante comme une pirouette :

– La médecine est ma femme légitime, la littérature ma maîtresse. Quand l'une m'ennuie, je vais passer ma nuit avec l'autre.

Son très vif intérêt pour le sexe faible, il le reporta d'ailleurs dans son travail littéraire. N'écrivit-il pas, en 1888, à propos de son récit de voyage *La Steppe,* à un ami : « Un récit sans femmes, c'est comme une machine sans vapeur. D'ailleurs, j'ai des femmes, mais pas d'épouse ni de maîtresse. Mais je ne peux pas me passer de femmes. » Elles furent les pivots, et le charme de ses œuvres. Il les décrivit dans tous leurs états, épouses, maîtresses, actrices et institutrices, lavandières ou paysannes, prostituées ou entrepreneuses. Oui, il plaisait beaucoup, comme le prouve l'affabulation d'une de ses proches, Lidia Avilova (1865-1942), auteur de contes pour enfants. Elle avait connu Anton dans sa première jeunesse et elle était restée très proche de lui. Elle brûlait d'amour pour lui. Un amour qu'il ne lui rendait pas, et qu'il ne devina peut-être jamais. À sa mort, elle écrivit ses souvenirs qui, tous, évoquaient la passion qu'elle portait à l'écrivain, mais plus encore, celle que Tchekhov aurait secrètement éprouvée pour elle. L'écrivain Ivan Bounine, l'un des amis d'Anton, soutiendra cette version d'un amour caché entre ces deux êtres, parce que leur proximité rendait l'hypothèse possible. Mais plus tard, l'un des biographes les plus sérieux du dramaturge russe, Ernest Simmons, démolira cette théorie après avoir croisé les souvenirs et la réalité des faits. Les mémoires de Lidia Avilova étaient emplis d'erreurs – Tchekhov était absent de Moscou lorsqu'elle prétendait qu'ils s'y étaient subrepticement retrouvés. Ni Macha, à qui il racontait tout, ni sa mère n'en parlèrent jamais. Et aujourd'hui, plus personne ne porte le moindre crédit à ces allégations.

Il y eut une autre jeune fille qui fantasma beaucoup sur Anton. C'était la grande amie de sa sœur Macha, qui se consumait pour lui et qu'il adorait taquiner – peut-être un peu cruellement – sur ses sentiments. Il flirta même outrageusement avec elle, soufflant le chaud et le froid à loisir. Tchekhov avait beaucoup d'humour et attendait de ses amourettes qu'elles en eussent aussi, mais il était difficile d'accepter sans souffrir son esprit moqueur et sa légère et chronique dérision qui cachait un esprit indépendant et somme toute rêveur. Ressentait-il au fond de lui le profond désir de maintenir à distance toute demande de démonstration affective ou d'engagement ? Cette jeune femme, Lydia Mizinova, était une chanteuse lyrique qui espérait faire carrière et qui passait ses journées chez la mère et la sœur de Tchekhov. Elle lui inspirera la Nina de sa pièce *La Mouette*. Lydia, qu'il appelait familièrement Lika, était plantureuse, légèrement obtuse, et elle tomba follement amoureuse de Tchekhov – un sentiment qu'il ne lui rendit jamais. Pour autant, il ne pouvait s'empêcher de flirter et ne résistait pas au plaisir de vérifier l'ascendant qu'il avait sur elle, en même temps qu'il s'appliquait à ne lui permettre aucune illusion sur ses sentiments. Elle lui écrivait, réclamait qu'il lui réponde au nom de leur amitié, mais au moindre mot d'humour, elle se cabrait, toutes griffes dehors, et l'accusait de méchanceté. Mal lui en prenait : il lui répondait alors avec plus d'ironie encore pour souligner ce mauvais caractère et sa haute susceptibilité, qu'il trouvait déplacée : «Je fais le pari qu'avec le temps, vous deviendrez une femme méchante, criarde et glapissante qui prêtera de l'argent avec intérêt et tirera les oreilles des gamins du voisinage», plaisantait-il. Et il concluait : «Et cette fois, je ne vous écris aucune tendresse, car vous n'y verriez que de l'ironie.»

Il la voyait en pointillé, lorsque l'envie lui en prenait. Ils déjeunaient souvent ensemble à Moscou et il l'invita même, un jour qu'il dut se trouver bien solitaire dans son voyage, à le rejoindre dans son périple. «Nous ne parlerons que de fromage blanc», lui écrivit-il, et elle comprit alors son allusion implicite à l'amour. Lorsqu'il lui écrivit de Paris quelques jours plus tard, il lui spécifia qu'il prenait des leçons de français avec une petite Margot, âgée de dix-neuf ans. Lika riposta, aussitôt agressive : «J'espère que Margot vous stimule adéquatement et réveille en vous des qualités qui ont été si longtemps assoupies… Vous ne connaissez rien en fromage et, même lorsque vous avez faim, vous préférez le regarder à distance et ne pas y toucher… Si vous vous comportez de cette façon avec Margot, alors je suis désolée pour elle, et dites-lui que sa compagne d'infortune la salue bien.

J'ai déjà joué le rôle stupide du fromage que vous refusez de consommer. » Pour le rendre jaloux, Lika finit par se jeter dans les bras de son ami écrivain Ignatei Potapenko, qui était marié, ce qui ne lui valut que d'autres plaisanteries d'Anton Tchekhov.

Un peu plus tard, en 1894, il répondit à une de ses lettres où elle lui laissait entendre qu'elle était prête à mourir pour lui. Plutôt que d'entrer dans son jeu, il lui dit qu'il n'en croyait rien. Et pour qu'elle renonce définitivement à tout chantage affectif, il lui fit part de sa fatigue d'avoir tant de travail, et d'être obligé d'écrire sans relâche. « Mais je suis un homme de lettres, même ici, à Yalta. Douce Lika, quand vous serez une grande chanteuse et que vous serez couverte d'or, soyez charitable : épousez-moi et entretenez-moi, ainsi je pourrai vivre sans travailler. Et si vous devez réellement mourir, alors confiez cette mission à Varvara Eberle que j'aime, comme vous le savez. »

Cet échange fut sans doute le plus bavard sur la vraie nature de leurs relations. De toute évidence, Anton Tchekhov ne la désirait pas, quoiqu'il se plût toujours en sa compagnie. Elle avait aussi pour elle d'être l'amie de sa très chère sœur Macha, qui l'aimait tendrement et qu'il gardait sous son aile. Lika prolongeait cette tendresse dont il avait tant besoin dans sa solitude, même s'il refusait encore de la sacrifier pour des épousailles. En fait, il n'avait pas encore rencontré celle qui balayerait toutes ses réticences et ses préjugés contre le mariage, celle qu'il attendait depuis toujours, et dont il allait enfin croiser la route en abordant la quarantaine.

*

Quand cette rencontre eut lieu, il se consacrait entièrement à ce qui était sa réelle passion, le théâtre. Si jusque-là il avait rédigé des nouvelles et des articles avec plaisir, mais sans grand attachement pour ses œuvres, tout changea lorsqu'il commença à créer pour la scène. Il avait écrit une première pièce, *Ivanov,* puis une première version d'*Oncle Vania* et en 1895, *La Mouette,* qui n'obtint pas de succès. Mais il aimait cette écriture, ce travail si particulier de créer des personnages qu'il voyait magiquement incarnés sur la scène. Hélas, son état de santé s'aggrava en mars, et en octobre 1897, pour ne pas avoir à subir les rigueurs de l'hiver continental, il partit pour Nice. Il venait d'être victime d'une grave hémoptysie – une hémorragie par la bouche –, la première de toutes celles qui trahiraient l'évolution mortelle de la tuberculose et qui le contraignit à rester à l'hôpital pendant plusieurs semaines. Là, plusieurs médecins lui ordonnèrent de partir au soleil et vers le Sud. C'est ainsi qu'à l'automne 1897 Tchekhov posa ses valises dans le salon encombré de meubles vieillots de la Pension russe.

La patronne faisait un prix à ses concitoyens. Elle octroya à son hôte une chambre au rez-de-chaussée, donnant sur le jardin, et il n'avait pas à marcher très longtemps pour trouver le bord de mer. Il n'était pas trop dépaysé. La pension, qui s'appelait en réalité l'hôtel Oasis, était principalement peuplée de compatriotes. L'hôtel était devenu un lieu mythique à la fin du XIXe siècle. Nice était devenu à la mode depuis qu'en 1856 l'impératrice douairière avait choisi la Côte d'Azur comme villégiature, entraînant à sa suite les aristocrates fortunés. « Très nombreux ici, les Russes ont une église et un cimetière, quelques palais, quelqu'un pour les défendre... » nota Tchekhov qui se rendait souvent dans l'église orthodoxe construite pour eux. Lors des offices à la liturgie si savante, il retrouvait ses souvenirs d'enfance. Son père exigeait que la famille ne manque aucune cérémonie et il avait passé de longues heures devant l'iconostase de la chapelle de Taganrog. « Il faut croire en Dieu, écrivit-il dans une lettre à sa sœur, mais si on n'a pas la foi, il faut la chercher, seul, face à face avec sa conscience. » Il se souvint qu'en 1891 il avait passé les fêtes de Pâques dans cette église même. Était-il aussi fatigué qu'en ce moment ? Et aussi triste ? Aussi désabusé ? Il se sentait épuisé, et l'idée de rentrer à Moscou le plongeait dans un puissant abattement : « À nouveau les soirées succéderont aux soirées, les actes aux actes, les critiques aux critiques. [...] Vodka, fumoir étouffant, cohue des vestiaires... En sortant du théâtre, il y aura de la boue, il fera froid, le ciel sera gris, les cochers transis. Va-t'en faire de l'humour et écrire des chroniques badines quand tu n'as que cette perspective et que tu es certain que ce que tu pressens va se réaliser ! » Déjà, il avait consigné dans une lettre à son éditeur : « Mon âme souffre comme d'un marasme. Je l'explique par le marasme de ma vie personnelle. Je ne suis ni blasé ni épuisé, je n'ai pas le cafard, mais soudain tout a simplement perdu de son intérêt à mes yeux. Il faudrait placer sous moi un peu de poudre à canon. »

Et puis ses deux amis, Vladimir Nemirovitch-Dantchenko et Constantin Stanislavski, lui firent cette extraordinaire demande : qu'il écrive des pièces pour eux. Ils venaient de créer le Théâtre d'art de Moscou, avec une ambition ferme : programmer des œuvres destinées au grand public. Anton Tchekhov donna son accord. Il fut convenu que la première pièce de lui qu'ils programmeraient serait *La Mouette.* Son ami Constantin Stanislavski la mettrait en scène.

*

Il avait aussitôt quitté Nice pour rentrer à Moscou, heureux de cette association. En vérité, il commençait à être las de sa vie d'oiseau sur la branche. À trente-huit ans, la solitude lui pesait de plus en plus, et l'inactivité aussi. « De même que je serai couché, seul, dans ma tombe, de même, somme toute, j'ai vécu seul », écrivit-il dans ses *Carnets*. Il avait ainsi retrouvé avec bonheur l'atmosphère si particulière des théâtres, l'odeur des fauteuils de peluche rouge, celle des planches et des rideaux, même si la poussière ne convenait pas à son état de santé. Il retoucha le texte de *La Mouette.* Elle n'avait pas eu de succès lorsqu'elle avait été créée deux ans plus tôt à Saint-Pétersbourg, au théâtre Alexandra. Tchekhov corrigea ce qui manquait de force et remit le livret pour que chacun puisse travailler.

Pendant ce temps, la troupe travaillait à mettre au point la première représentation du tout nouveau Théâtre d'art, où l'art dramatique devait être renouvelé et renaître dans une expression plus intérieure, sans les scléroses et les emphases qui avaient plu jusque-là. Les directeurs du théâtre avaient choisi pour l'inauguration un drame historique d'Alexis Tolstoï, *Le Tsar Fedor*, et Tchekhov fut invité à la dernière répétition.

Il se cala dans un fauteuil, au troisième rang, pour assister au spectacle. C'était le 9 septembre 1898. Il faisait un peu lourd dans la salle et on s'agitait autour de lui. C'est alors qu'il la vit entrer sur scène et commencer de jouer. Il frissonna.

Elle avait une voix magnifique, claire, chaude, pleine et délicieusement modulée. Il remarqua aussi l'ardeur de son jeu. Il avait vraiment sous les yeux le personnage clé du *Tsar Fedor*. Il fut subjugué. Elle avait trente ans, elle était de petite taille et elle était dotée d'yeux extrêmement noirs et brillants, comme des braises. Sa lourde chevelure, qu'elle relevait en chignon sur la tête, était splendide. Surtout, elle avait ce timbre superbe qui prenait dans ses filets tous ceux qui l'écoutaient et elle jouait exactement comme il ne cessait de le recommander, comme si elle était dans la vie réelle.

Anton Tchekhov demanda son nom : on lui dit qu'elle s'appelait Olga Knipper.

– Est-elle mariée ?

– Non : elle n'a qu'une passion, le théâtre.

– A-t-elle un amant ?

– Pas que nous sachions…

*

Le directeur du théâtre, venait de lui dire l'entière vérité. Olga Knipper ne vivait que pour et par le théâtre. Elle avait dû se battre pour monter sur scène, et quand elle l'avait enfin pu, elle y avait consacré tous ses instants. Un ami de Tchekhov évoquera la force de caractère d'Olga, combien elle était une femme décidée et définitive dans ses choix. Elle admirait les gens comme elle qui se dévouaient entièrement à la scène, comme le grand metteur en scène du Théâtre d'art à Moscou, Stanislavski : « Vraiment, personne n'a tant donné de lui-même que ce qu'il a donné, et personne n'appartient plus au théâtre que lui. »

Elle était née le 21 septembre 1868. Sa famille, originaire d'Allemagne, s'était totalement russisée. Son père, Leonard Knipper, avait immigré lorsque le tsar Alexandre II avait décidé de moderniser les vastes terres de son Empire, et pour cela, avait fait appel à des ingénieurs de l'Europe de l'Ouest. Pour suivre son mari, Anna Knipper avait renoncé à ses rêves d'actrice, et elle était devenue une parfaite mère de famille et femme au foyer. Elle était la flamme autour de laquelle tout le clan familial se réunissait. Sa maison était ouverte aux amis et aux lointains cousins et la culture allemande dut y être suffisamment présente pour que plus tard Tchekhov écrive à Olga qu'il voulait attendrir : « Je fais un parfait mari allemand, je mets même des caleçons chauds ! » La table y était généreuse.

Anna Knipper tint à offrir la meilleure éducation à sa fille, et la petite Olga put à la fois suivre des cours chez elle, dispensés par un précepteur, et se rendre au collège pour filles. Elle apprit à parler couramment l'allemand, l'anglais et le français. Elle jouait du piano avec grâce et comme elle avait une très jolie voix, elle commença d'étudier le chant et d'envisager une carrière de chanteuse, qui s'annonçait prometteuse. Très vite, sa réputation dépassa largement le cadre familial. Cependant, si la scène l'attirait, ce n'était pas pour y chanter. Comme sa mère avant elle, Olga rêvait d'être actrice, mais dès qu'elle fit part de ses projets à Anna, elle se vit opposer un refus catégorique : « J'ai renoncé à mon rêve et j'ai souffert en silence et c'est ce que tu devras faire à ton tour, un jour. Alors abandonne tout de suite cette idée, et ne pense plus au théâtre. » Et Olga obéit.

Cependant, la mort de son père bouleversa profondément la vie de tous, et avant tout, leur statut social. Non seulement elle les privait de rentrées financières, mais encore Leonard Knipper laissait des dettes et les créanciers se pressaient à la porte. Il fallut vendre la maison, congédier les domestiques et tout le monde s'installa dans un modeste appartement qu'Anna loua. Enfin, chacun chercha du travail. Anna avait gardé le piano et elle s'instaura professeur de chant ; Olga passa l'examen qui lui permettait d'enseigner avec sa mère et elle reçut son diplôme avec succès. Dès lors, la maison se remplit du brouhaha des élèves, des allées et venues de leurs parents ou de leurs chaperons et de nouveau, en dépit de leurs difficultés financières, ce furent des moments de joie et d'insouciance. Plus tard, Olga s'en souviendra comme des moments les plus heureux de sa vie.

Pour autant, le théâtre n'avait pas cessé d'être l'objet de ses rêves et, puisqu'elle avait acquis son indépendance financière, puisque la mort de son père lui avait appris qu'on ne pouvait confier son destin à personne et qu'il fallait voler de ses propres ailes, elle décida de tenter sa chance, et de prendre des cours de théâtre. En 1895, elle se présenta alors au concours d'entrée du Conservatoire dramatique impérial du théâtre Maly et, lors de son audition, la perfection des monologues qu'elle présenta dans les trois langues qu'elle pratiquait enchanta le jury. Elle fut admise et se lança à corps perdu dans ses études. Ah ! comme elle était enfin heureuse ! Elle avait la sensation de faire exactement ce pour quoi elle était faite, d'être merveilleusement bien dans sa peau, de se transcender. Le programme entier qu'on lui présenta l'enthousiasmait. Hélas, un mois à peine après son admission, on lui demanda de laisser sa place à une protégée d'un des directeurs. Pouvait-elle protester ? Crier son indignation ? Olga fut si désespérée de quitter le Conservatoire, ses études, ses rêves que, de son propre aveu, elle songea à se suicider. Elle resta chez elle, prostrée, dans le noir, abîmée dans une profonde dépression. Sa mère comprit alors à quel point sa fille était passionnée, et que le théâtre n'était pas pour elle une tocade, ni un mirage vaguement caressé du bout d'un rêve, mais une vocation qui ne la lâcherait pas.

Mais où étudier, maintenant que la saison des concours était close ? Anna Knipper avait des amis à la tête de l'école d'art dramatique de la Société philharmonique. L'école n'avait pas le prestige du Conservatoire dont Olga venait d'être exclue, mais elle acceptait les recalés. Il s'agissait d'une école privée dont les cours n'étaient pas gratuits, comme au Conservatoire impérial. Olga dut reprendre des élèves pour financer ses classes. À l'école d'art dramatique de la Société philharmonique, elle progressa lentement et sûrement, acquérant des bases solides qui lui permettraient de s'adapter à tous les rôles avec un immense naturel.

Lorsqu'elle repensa à ses années d'apprentissage à la Société philharmonique, bien plus tard, Olga se dit que son expulsion du Conservatoire avait été la meilleure chose qui pouvait lui arriver. En fait, une véritable bénédiction. Ce fut là qu'elle rencontra ses futurs partenaires du Théâtre d'art de Moscou. Et ce fut grâce à eux qu'elle participait désormais à l'expérience de théâtre la plus révolutionnaire et la plus enthousiasmante de Moscou. Le Théâtre d'art ne deviendrait-il pas le centre de la vie culturelle du pays pendant un demi-siècle ? Ne venait-elle pas de rencontrer, à vingt-neuf ans, la figure de l'amour ? « Avec cette rencontre commença à se nouer imperceptiblement le dessein subtil et compliqué de ma vie », écrivit-elle dans son journal.

*

Anton Tchekhov, qui s'appliquait à ne jamais s'attacher, ne put oublier la jeune actrice qu'il avait découverte sur la scène et il l'invita à venir passer quelques jours dans sa maison de Melikhovo avec quelques-uns de la troupe. Cette maison de campagne était située à une soixantaine de kilomètres au sud de Moscou, près d'une petite ville qui a plus tard été rebaptisée Tchekhov. Il l'avait achetée au printemps 1892 quand il avait eu un peu d'argent pour y installer toute sa famille et, dès lors, il s'était consacré au mieux-être de ses voisins. Il avait fondé des dispensaires où il continuait de soigner bénévolement. Il avait aussi fait construire des écoles pour les petits moujiks. Il venait de mettre la maison en vente : les médecins l'avaient averti qu'il ne pouvait plus se contenter de passer quelques mois au soleil ; désormais, il devait y vivre en permanence. Aussi s'était-il mis en quête d'un terrain près d'Aoutka, une petite ville proche de Yalta, pour y faire construire sa nouvelle résidence, qu'il appellerait « la Datcha Blanche ».

Olga accepta son invitation et partit pour Melikhovo. La maison était charmante avec ses portes-fenêtres ouvertes sur un verger en fleurs, sa célèbre chambre « Pouchkine » ornée d'un portrait du poète, son confort désuet. Dans le jardin, se dressait le minuscule pavillon en bois où il avait écrit *La Mouette*, et non loin, miroitaient les eaux de l'étang rempli de carassins et de tanches. Il lui dit qu'il aimait installer sa chaise longue à cet endroit, et y rester jusqu'à la tombée de la nuit à rêver. Tout cela séduisit Olga. Douée d'une sensibilité, d'une imagination très vives, elle se sentit comme envoûtée par l'atmosphère poétique de cette étrange famille Tchekhov, mais plus encore par le charme du maître de maison, et lui aussi la trouva gaie, spirituelle et séduisante. Il était vrai qu'elle savait tout faire : chanter des romances de Tchaïkovski, jouer la comédie, discuter de littérature, parler avec chaleur « de la poésie ou de ses plats préférés ».

Elle revint ravie de ses trois journées passées dans l'effervescence du printemps et le fouillis de fleurs qui explosaient au soleil de mai, dans le jardin où les frères d'Anton et sa jeune sœur Macha organisaient des jeux enfantins, tandis que sa mère s'activait dans la cuisine. La conversation était délicieuse et tous ensemble, ils parlèrent théâtre jusque tard dans la nuit. Puis elle était repartie pour le Caucase, chez son frère et sa belle-sœur, et Tchekhov lui écrivit les premières lettres de leur longue correspondance, quelque cinq cents lettres, qui ne s'achèvera qu'à la mort de l'écrivain. « Qu'est-ce que cela veut donc dire ? Où êtes-vous ? Vous vous obstinez tant à ne pas envoyer de vos nouvelles que nous nous perdons sans cesse en conjectures et commençons déjà à penser que vous nous avez oubliés et que vous vous êtes mariée au Caucase. Si c'est vrai, alors avec qui ? Avez-vous décidé de quitter la scène ? Un auteur oublié – quelle chose affreuse, cruelle, perfide ! »

Quand le courrier de Tchekhov parvint à Olga, elle ne lui cacha pas son bonheur : « J'ai reçu votre petit mot et je me suis considérablement réjouie, j'ai même éclaté de rire tout haut. Et moi qui pensais que l'auteur Tchekhov avait oublié l'actrice Knipper – ainsi donc vous vous en souvenez de loin en loin ? Je vous en remercie. » Et à son tour, elle l'invita à venir la voir chez son frère où tout était si beau – la petite église géorgienne, les montagnes, les rivières. « Si vous faisiez un tour par là, Anton Pavlovitch, vraiment, c'est beau, d'ici on pourrait partir ensemble à Batoumi et Yalta, qu'en pensez-vous ? Mon frère et sa femme sont des gens agréables, vous seriez très content. Pourquoi pas ? » Et d'ajouter, en post-scriptum : « M'écrirez-vous encore ? »

Tchekhov bondit sur sa proposition de voyage et le 18 juillet 1899 il la rejoignit et ils prirent le bateau ensemble pour descendre vers Yalta. Là, elle s'installa dans sa famille tandis qu'il supervisait les travaux de construction de sa nouvelle demeure. Ils passèrent leurs journées à flâner, à lézarder au soleil dans des chaises longues, à parler théâtre. Elle lut *Oncle Vania.* Il lui présenta les gens du village et son ami Sinani, qui tenait une librairie sur les quais de Yalta où se retrouvait tout le monde intellectuel de la ville. Ils s'amusèrent des représentations de puces dressées qu'on donnait sur les quais et il lui présenta Nadiejda, « Nadenka », la fille du diacre à qui ces dames avaient décidé de fiancer Tchekhov. Au cours d'une promenade, elle lui offrit un cactus « Reine de nuit » pour qu'il le plante dans son jardin.

Enfin, le 2 août, ils quittèrent Yalta ensemble pour Moscou. Comme leur séjour, leur voyage fut un délice. Olga, quand elle fut seule dans son appartement moscovite, en garda une profonde nostalgie. Elle était amoureuse et il lui manquait. Ses conversations, son humour, la délicieuse humeur dans laquelle il la maintenait lui manquaient. Elle se promit, comme toute jeune femme sensible à sa réputation, d'attendre de ses nouvelles, mais quatre jours à peine après son départ, elle n'y tint plus et prit la plume. Elle l'appela « Anton Pavlovitch mon ami » et ne masqua pas ses sentiments : « J'étais si triste quand vous êtes parti, j'avais le cœur si gros que j'aurais pleuré tout le long du chemin. Avant de m'endormir, j'étais avec vous en pensée. »

Avant qu'il reparte pour la Crimée, elle lui avait préparé un panier de provisions pour son voyage. Puis, pour retrouver un peu de son souvenir, elle était passée à l'appartement qu'il louait pour sa mère et sa sœur. Elle avait invité Macha à l'accompagner au théâtre. Dans l'appartement où il résidait à chacun de ses séjours à Moscou, elle s'était glissée dans son cabinet de travail. « Il y a le sofa, votre grand portrait pend au mur, c'est agréable, on y est bien et je me suis abandonnée au coin du sofa, droit en face du portrait [...] » Et elle conclut sa lettre sur la pointe des pieds : « Je vous ennuie, monsieur l'écrivain, n'est-ce pas ? Si vous avez envie, écrivez-moi une petite missive douce – sinon n'écrivez rien du tout. [...] Je vous serre la main. » Il lui répondit dès sa lettre reçue qu'il pensait à elle et à leur voyage : « Ma chère, extraordinaire actrice, femme remarquable, si vous saviez combien votre lettre m'a réjoui. Je m'incline devant vous bas, bas, bas, si bas que je touche du front le fond de mon puits qui s'est déjà creusé jusqu'à dix-sept mètres. Je me suis habitué à vous et maintenant je m'ennuie, je ne peux nullement me faire à la pensée de ne pas vous voir jusqu'au printemps, j'enrage – en un mot, si Nadenka apprenait ce qui se trame dans mon âme, ça ferait tout un scandale. »

De lettre en lettre, leur correspondance instaura un lieu de retrouvailles pour eux, où, sur le mode d'une amitié amoureuse, ils parlèrent de ce qui les unissait déjà profondément, le théâtre. Par Olga, Tchekhov suivait l'actualité du Théâtre d'art – la réception des pièces par le public, le filage des répétitions, les discussions sur l'interprétation de tel ou tel rôle. Elle travaillait *Oncle Vania* et l'interrogeait sur le sens de certaines reparties. Dans ses réponses, elle découvrait l'essence de son être : son humour, son détachement, mais aussi cette inertie qu'il concevait jusque dans les rapports amoureux. Ne lui écrivit-il pas, alors qu'elle demandait conseil sur les sentiments du personnage d'Astrov à l'égard de l'héroïne : « Il l'embrasse juste comme ça, par inertie. » Elle comprit qu'il valait mieux, sur ce chapitre, rester prudente et elle se mit à plaisanter sur Nadenka. Ils s'inventèrent un petit scénario au sujet de cette romance fictive : Macha lui annonçait le mariage de son frère ; Tchekhov inventait qu'il l'avait envoyée à Moscou, en refusant de l'embrasser.

L'hiver et ses rigueurs interdisaient à Tchekhov de rejoindre sa « chère actrice », et elle était retenue à Moscou par les représentations. Il leur fallut attendre et se consoler par leurs missives. De lettre en lettre, les formules de politesse glissèrent doucement vers plus d'intimité. Ils se quittaient avec des « Je vous serre la main », puis « Je vous serre fortement la main », puis il décida de « baiser sa petite main ». Mais il n'abandonna pas sa façon ironique, son détachement de tout. Lorsqu'il fut nommé académicien en 1900, et sans l'avoir demandé, ce qui était considéré comme une haute distinction, il s'en moqua, et se mit à signer « Votre Antonio, academicus ». L'hiver fut si rude que le directeur du Théâtre d'art, Stanislavski, annonça qu'il débarquait à Sébastopol, avec toute sa troupe, pour jouer devant Tchekhov *La Mouette* et *Oncle Vania*, maintenant parfaitement rodées : « Nous nous sommes dit, raconte-t-il dans ses souvenirs, Tchekhov ne peut pas venir à nous parce qu'il est malade, alors c'est nous qui irons à lui : si Mahomet ne peut pas aller vers la montagne, c'est la montagne qui va vers Mahomet. »

Après deux jours de voyage, un wagon plein d'acteurs et de leurs familles, de décors et d'accessoires divers, arriva par une brillante matinée d'avril à Sébastopol, ville blanche et ensoleillée de la Crimée, où la mer et le ciel bleu, ainsi que le chaleureux accueil méridional, créèrent aussitôt une atmosphère de fête. Les deux pièces remportèrent un succès triomphal. Tchekhov, qui était venu spécialement de Yalta, fut heureux de retrouver sa mère qui avait fait le déplacement pour embrasser son fils et assister à son triomphe en province. Pour la circonstance, elle sortit une antique robe de soie tout à fait démodée et Tchekhov se récria avec effroi : « Petite mère en robe de soie va voir jouer la pièce ! Mais voyons, c'est impossible ! » Et, tout aussitôt, il rit jusqu'aux larmes, tellement il estimait comique et sentimental qu'ainsi désuète et parfumée de naphtaline elle aille au théâtre acclamer la pièce de son fils.

Sébastopol, puis Yalta fêtèrent à la fois la jeune troupe moscovite et leur auteur préféré. Les jeunes filles du pays guettaient Tchekhov à chacune de ses promenades, tournaient autour de lui, lui envoyaient des baisers, et tous les soirs, ce fut « la fête tumultueuse ininterrompue : sans cesse les visites des généraux, la bonne chère, le départ au théâtre, des ovations, du tumulte, des mots de félicitations et, pour couronner le tout, souper chez Tatarinova sur le toit, dans une ambiance féerique ! ». Le printemps méridional et les représentations du Théâtre d'art attirèrent en Crimée un grand nombre d'artistes et d'écrivains connus. Tous venaient chez Tchekhov. Ils y déjeunaient, flânaient dans le jardin, s'installaient dans son bureau pour son plus grand plaisir, lui qui était resté si longtemps reclus dans sa maison sans cette enivrante animation, sans échanges d'idées, sans talents à admirer et sans toute cette folle insouciance. Deux jeunes écrivains déjà célèbres se mêlaient aux comédiens : Maxime Gorki, avec sa blouse russe brodée, ses cheveux roux, son nez camard et sa fulgurante renommée ; et Ivan Bounine, mince, élégant, pétillant de drôlerie et d'esprit, qui savait mieux que personne faire rire Tchekhov et frappa l'assistance par son extraordinaire don de mime et d'acteur. Sans oublier la figure emblématique de la troupe, son chef d'orchestre, Stanislavski, avec sa belle tête de lion à la chevelure grisonnante, ses yeux noirs et perspicaces, et tant d'autres encore, tous jeunes, pleins d'esprit, de vie, animés par une passion commune : le théâtre.

Macha, la sœur de Tchekhov, et sa mère s'affairaient dans

la maison, secondées par Olga manches retroussées, débordante d'énergie et d'activité – et légèrement mal à l'aise. Le sentiment qui naissait entre Anton et cette jeune actrice ne leur avait pas échappé et Macha semblait prendre ombrage de cette irruption, dans leur vie, de cette jeune femme. Macha régnait sur le monde d'Anton et dès qu'elle avait été en âge de comprendre, il lui avait raconté ses pièces. Il testait sur elle ses effets et l'interrogeait pour résoudre les difficultés qu'il pouvait rencontrer dans la construction de ses œuvres.

« Voilà bien le 1er mai, mon cher écrivain ! Il fait froid, la pluie tombe et j'ai le cafard, lui écrivit Olga de retour à Moscou. D'une certaine manière je ne me suis même pas encore habituée à ma chambre, je suis en train d'errer et je ne sais que faire de moi-même et des autres. J'aurais envie d'aller au Sud, envie de chaleur, d'avoir le soleil dans le cœur.. Yalta a disparu comme un songe. »

*

Ils surent, à partir de ce voyage, qu'ils étaient amoureux, et qu'ils avaient envie de se le dire et de le vivre dans les bras l'un de l'autre. Elle se mit donc en route pour Yalta dès que le théâtre le lui permit et au mois de juillet, quand l'été arriva et que toute la ville partit se réfugier à la campagne pour résister à la canicule, elle fila dans le Sud pour le rejoindre. Une brise légère apportait une odeur de pin, mêlée à d'autres indéfinissables et mystérieuses senteurs. La joie était dans la maison. Le silence lui-même était autre, riche, profond et lourd de tendresse. Pour la première fois, le soleil luisait sur la mer, les fleurs embaumaient, le pain et le vin avaient pour Tchekhov la saveur d'autrefois, le goût oublié de ses vingt ans. Pour la première fois, il n'était plus « seul devant les glaciers muets de la vieillesse ». « Merveilleux été ! écrivit-il. Les pauvres arbres, surtout de cette face-ci de la montagne, n'ont pas reçu, de tout l'été, une seule goutte d'eau et maintenant, ils sont tout jaunes ; il arrive pareillement que des hommes ne reçoivent de toute leur vie pas une goutte de bonheur. Sans doute, il faut qu'il en soit ainsi. »

Ils s'aimèrent ainsi ivres et heureux, pendant plus d'un mois. Pour la première fois, Anton Tchekhov se levait et se couchait avec la même femme et il en fut lui-même abasourdi. Et puis Olga dut rentrer. On préparait la saison nouvelle et Moscou l'attendait. Le train de nuit était à peine parti qu'elle se rua sur son papier à lettres. « Bonjour, mon chéri ! » commença-t-elle d'un ton alerte, qu'elle abandonna à la cinquième ligne, avec le tutoiement, après avoir raconté ses conditions de voyage. Et puis : « Hier, quand je me suis séparée de toi, j'ai regardé longtemps dans le noir, j'avais le cœur gros. Bien sûr, j'ai pleurniché. C'est que j'ai vécu tant de choses durant cette courte période dans votre maison ! » À lire sa lettre, il ne put que sentir sa crainte d'être pesante, et nous ne pouvons qu'entendre l'absence de promesse et d'engagement qui accompagna leurs adieux. Il la traitait souvent, pour se moquer d'elle, d'Allemande sentimentale. Elle lui écrivit, pour s'excuser de ses « pleurnicheries » : « Tu me traites d'Allemande maintenant, n'est-ce pas ? Eh bien porte-toi bien, vis et ne sois pas triste, écris, pour tout le monde et à moi particulièrement. J'embrasse ta tête intelligente, sens mes baisers brûlants. Addio, mon académicien. Aime-moi et écris. Ton actrice. »

Mais il l'aimait et elle lui manquait. Il le lui fit savoir par retour de courrier : « Olia, ma chérie, ma joie, bonjour ! Aujourd'hui j'ai reçu ta lettre, la première après ton départ, je l'ai lue, je l'ai relue et voilà, je t'écris, mon actrice [...]. Maintenant je suis à Yalta, je m'ennuie, j'enrage, je me morfonds. [...]. J'ai tout le temps l'impression que la porte va s'ouvrir et que tu vas entrer. Mais tu n'entres pas, tu es maintenant en répétition [...], loin de Yalta et de moi. »

Presque tous les jours, ils s'adressèrent les mêmes regrets, les mêmes mots emplis de nostalgie. Elle lui faisait part de ses journées, pour qu'il les partage alors qu'il ne pouvait pas la suivre – l'humidité et le froid lui auraient été fatals. Jamais il n'était question de l'argent qui manquait ou des cachets qu'elle touchait, ou ne touchait pas selon le succès, pour chaque représentation. Il n'y avait pas de ragots non plus, ni de remarques acerbes sur les uns ou les autres. Lorsqu'elle évoquait la scène, c'était pour lui demander conseil, exprimer son désir inentamé d'absolu et de perfection. Il y avait aussi l'évocation de sa vie d'artiste, celle qu'elle avait partagée avec lui quand sa tournée l'avait amenée à Yalta, la description des soirées qui suivaient les représentations jusque tard dans la nuit, des buffets qui les attendaient : « Tout était très bon : de petits champignons, des harengs, des zakouskis, de merveilleux petits pâtés qui fondaient dans la bouche, un esturgeon, de la viande avec des légumes et une glace au chocolat. »

Depuis Moscou, grâce à ses lettres, elle l'invitait à sa vie de bohème : « Nous avons fait la noce jusqu'à quatre heures du matin. C'était une sorte de folie... J'ai joué au chat et à souris. » Quand elle priait la troupe de fêter le succès chez elle : « L'appartement est sens dessus dessous ; on a bu, on a mangé, on a chanté. » Elle lui raconta que pour le réveillon de Noël de cette même année, le célèbre chanteur Chaliapine, qui était un grand ami d'Anton, de très mauvaise humeur au début de la soirée, avait fini par chanter des airs tziganes qui les avaient entraînés dans des danses folles. Elle voyait les jours passer, et s'inquiétait de ce que creusait entre eux leur séparation : « Tu ne fais aucune allusion à ce qui se passe dans ton âme, lui reprochait son Olia chérie. Ne m'oublie pas, n'oublie pas, ne te déshabitue pas de moi. Des gouttes tombent du toit, c'est un bruit de printemps, mais si on regarde par la fenêtre, c'est l'hiver. »

*

Plus les jours et les lettres passaient, plus elle l'aimait. Son amour devenait plus profond, plus dense et doux, plus absolu. Elle comprit qu'il avait gagné en splendeur ce qu'il avait perdu en fièvre. Inlassablement, elle lui rappelait les heures de bonheur qui s'étaient enfuies et qui semblaient ne jamais revenir, puisque c'était désormais leur seul moyen de faire durer ce qui les avait unis : « Comme j'aimerais m'asseoir dans ton cabinet, dans la niche, que tout soit calme, si calme : me reposer à tes côtés, ensuite te tarabuster, raconter des bêtises, faire les idiots. Tu te rappelles la fois où tu m'as portée dans l'escalier et où celui-ci a si traîtreusement grincé ? J'ai terriblement aimé ça. Maintenant je viens de m'arrêter pendant un long moment, j'ai croisé les bras et, regardant ta photo, j'ai pensé – à toi, à moi, à l'avenir. Et toi, y penses-tu ? Nous avons si peu parlé ensemble, et tout est si peu clair, ne trouves-tu pas ? Ô toi mon homme de l'avenir ! N'as-tu pas oublié comment je suis ? Et m'aimes-tu ? Me crois-tu ? T'ennuies-tu sans moi ? »

Elle s'angoissa. Il esquivait ses questions. Il lui dit que dans quelques jours, deux semaines à peine, ils se verraient, ils seraient de nouveau ensemble, mais un mois plus tard il ne l'avait toujours pas invitée et, le 19 septembre, il se débarrassa de la question de leurs retrouvailles avec un télégramme laconique : « La pièce n'est pas prête. Je viendrai après. Mes compliments. J'embrasse tes petites mains. Antonius. »

Le 24 septembre 1900, les répétitions reprirent à Moscou. Tout ce qu'on lui avait dit sur lui, qu'il ne s'attachait pas, qu'il ne se fixerait jamais, qu'il préférait à tout sa solitude, lui revint en mémoire. Elle n'y tint plus et lui adressa une longue supplique. « Pourquoi ne viens-tu pas, Anton ? Je ne comprends rien. Je n'écris pas parce que je t'attends, parce que j'ai très envie de te voir. Qu'est-ce qui te retient ? Qu'est-ce qui te tourmente ? Je ne sais que penser, je m'inquiète beaucoup. Ou bien ne ressens-tu pas le besoin de me voir ? Ça me fait très mal que tu sois si peu sincère envers moi. Tous ces jours j'ai envie de pleurer. J'entends tout le monde dire que tu pars pour l'étranger. Est-ce possible que tu ne comprennes pas à quel point il m'est pénible d'entendre cela et de répondre à des milliers de questions de ce genre ? Je ne sais rien. Tu écris de manière si imprécise – “je viendrai après”. Qu'est-ce que ça veut dire ? Ici, il fait tout le temps chaud, il fait beau, tu y vivrais parfaitement, tu écrirais, nous pourrions nous aimer, être proches. Il nous serait alors plus facile de supporter la séparation pour quelques mois. Je ne pourrai passer l'hiver si je ne te vois pas. Tu as un cœur aimant, tendre, pourquoi l'endurcis-tu ? [...] Anton, mon cher, mon aimé, viens. Ne veux-tu pas me connaître, ou alors la pensée de vouloir unir ton sort au mien te pèse-t-elle ? Écris-moi tout cela sincèrement, entre nous tout doit être pur et transparent, nous ne sommes des enfants ni l'un ni l'autre. [...] Nous devons parler, parler de beaucoup de choses, simplement et clairement. Dis, es-tu d'accord ? Je t'attends d'un jour à l'autre. »

Il la rassura avec une explication qui la terrorisa. S'il n'était pas allé à Moscou, c'était parce qu'il avait été malade. Il l'aimait, et, ajouta-t-il, « si nous ne sommes pas ensemble maintenant, ce n'est ni ma faute ni la tienne, mais celle du diable qui a mis en moi le bacille, et en toi l'amour de l'art. Au revoir, au revoir ma chère petite vieille, que les anges te gardent. Ne te fâche pas contre moi, ma colombe, ne sois pas triste, sois sage ». Anton Tchekhov tint parole et le

20 octobre, il partit rejoindre Olga pour un nouvel épisode amoureux qui dura jusqu'à ce que, le 10 décembre, le froid le chasse de Moscou et qu'il soit obligé de retourner sur la Côte d'Azur, de nouveau à Nice, à la Pension russe. Et leur correspondance reprit, de Nice tout d'abord, où il tentait tant bien que mal de se remettre sur pied avec l'énorme effort que fut pour lui l'écriture des *Trois Sœurs*.

Il lui décrivait son existence, avec la même pudeur et le même humour. S'il lui avouait parfois qu'il « avait craché le sang mais qu'il allait mieux maintenant », c'était parce qu'il savait, avec la subtilité psychologique qui signait son travail, que taire l'évolution de sa tuberculose ou adresser des diagnostics de jeune homme éclatant de santé l'aurait alertée plus que tout autre constat. Aussi avait-il la finesse de lui parler de sa maladie juste ce qu'il fallait pour répondre, avant qu'elle les formule, aux angoisses qui ne la lâchaient pas. C'est ainsi, parce que le facteur n'était pas passé depuis plusieurs jours, que le 19 janvier 1901 elle lui adresserait un télégramme : « Donne nouvelles sur ta santé. Je m'inquiète. Olga. » Le 20 janvier, il répondit : « Santé parfaite. Anton. »

Il était malade et ceux qui mouraient de sa maladie étaient si nombreux qu'il eût été vain qu'elle se berce de la moindre illusion – un jour ou l'autre, qu'ils soient jeunes ou pas, la tuberculose les emportait. Les cures de lait de jument fermenté, que les docteurs prescrivaient alors en désespoir de cause, les stations au soleil de la Côte d'Azur, les hivers sur les plages interminables de la mer Noire n'y faisaient rien. Tant qu'on n'aurait pas trouvé la médecine adéquate, le bacille de Koch faucherait encore les vies par centaines, par milliers. La déplorable hygiène qui régnait dans les faubourgs des villes, dans les baraquements de malheureux chassés de leurs campagnes par la ruine de leurs anciens seigneurs entretenait des bouillons de culture pour les épidémies à venir.

S'il restait lucide sur sa condition, elle décida qu'elle serait plus forte que sa maladie. Ils vivraient ensemble. « Viendras-tu en avril ? lui proposa-t-elle. Nous nous marierons sans aucun bruit et vivrons ensemble. Sans aucun chichi. D'accord ? » Mais de nouveau, il se fit fuyant, irrésolu, et ce fut elle qui alla le voir les quinze premiers jours d'avril 1901. Ce n'eut pas le même charme que les précédents séjours. Macha était là, et ils durent faire chambre à part puis, au bout de deux semaines, quand Macha annonça son retour à Moscou, elle se sentit obligée de feindre un départ avec elle, certaine qu'il saurait trouver un prétexte pour la retenir. Mais il ne fit rien dans ce sens. Alors elle revint à Moscou désemparée, et quelque peu amère. Elle n'avait pas d'engagement et elle aurait pu rester à Yalta encore de longues semaines, aux côtés de son « saint moine Antoni » comme il s'appelait. On avait beaucoup jasé sur eux parce qu'ils étaient souvent ensemble, on jasait maintenant parce qu'ils ne l'étaient plus. Jusqu'à présent, ils avaient veillé à ce que personne ne sache. Aux yeux de tous, elle jouait à être « une bonne connaissance » mais personne n'était dupe. « Je suis fatiguée de cette cachotterie, cela m'oppresse beaucoup, crois-moi. C'est affreux de voir encore une fois la souffrance de ta mère, le visage embarrassé de Macha. Dis ce que tu penses à ce sujet. Tu te tais toujours. » Cependant, comment faire parler quelqu'un qui avait toujours éludé la question ? « Je sais, tu es l'ennemi de toute explication sérieuse. » Et elle concluait sa longue lettre, en post-scriptum : « Viens dès les premiers jours, nous nous marierons et nous vivrons ensemble. Écris-moi tout, la moindre petite vétille, et ne t'en tire pas éternellement avec des plaisanteries. »

Il comprit son désarroi et, pour la première fois de sa vie, il se décida à s'engager. Il avait longtemps hésité à franchir ce pas. Ce « pour toujours » auquel engageait le mariage le terrorisait. Il s'en était ouvert à son éditeur, qui insistait pour qu'il convole. « Soit ! Je me marie, si c'est ce que vous voulez. Mais voici mes conditions : tout doit rester comme avant, c'est-à-dire qu'elle devra vivre à Moscou et moi à la campagne et que je lui rendrai visite. Le bonheur qui dure jour après jour, d'un matin à l'autre, je ne peux pas le supporter. Quand on me dit la même chose, sur le même ton, tous les jours, je deviens furieux... Je promets d'être un mari merveilleux, mais donnez-moi une femme qui, comme la lune, n'apparaîtra pas dans mon ciel tous les jours. » Pour une fois, il fut précis. Il serait là en mai. Ils se marieraient et ils partiraient immédiatement en voyage de noces sur la Volga. « Je te télégraphierai, ne dis rien à personne et viens seule à la gare. »

Et ils se marièrent. Les noces eurent lieu le 25 mai 1901 en l'église de l'Élévation. Tchekhov insista pour qu'il n'y ait que quatre témoins, qui n'étaient même pas ses amis proches, ce qui les étonna, quand ils le surent. Ce qu'il y eut de plus surprenant, ce furent les préparatifs. Anton avait demandé qu'on organise un dîner de gala où seraient invités tous ses parents ainsi que ceux d'Olga. « À l'heure dite, tout le monde était réuni, se souvint Stanislavski, il ne manquait que Tchekhov et Olga Knipper. Nous attendions, inquiets, perplexes, et enfin arriva la nouvelle qu'Anton Pavlovitch se mariait à l'église avec Olga Knipper et que de là il partait droit à la gare pour se rendre à Samara faire une cure. Il avait organisé tout ce dîner pour rassembler au même endroit tous ceux qui auraient pu l'empêcher de se marier dans l'intimité, sans le brouhaha coutumier. La pompe du mariage était en effet très peu de son goût. »

Olga ne le sut pas, mais la maladie d'Anton avait été une des raisons qui l'avaient fait hésiter. Le médecin qui le suivait à Yalta avaient trouvé que son état de santé se dégradait de façon alarmante, et cette fois-ci, ce fut un sanatorium qu'il lui ordonna. C'est ainsi qu'Olga et Anton partirent pour celui d'Axenovo, en Oural, où ils restèrent tous les deux, en tête à tête, sauf le temps des soins. Ils y passèrent un grand mois et repartirent pour Yalta et, de ce jour, s'instaura la routine des voyages entre les deux villes et leurs deux domiciles.

La saison reprit et Olga fut engagée dans les répétitions et si le temps le permettait, il la rejoignait à Moscou pour deux ou trois semaines. Les secousses des trains et les cahots des routes eurent raison de leur enfant : en avril 1902, elle fit une fausse couche qui se compliqua et elle resta malade longtemps ; ils en furent terriblement tristes : Tchekhov était certain d'avoir un garçon et il l'appelait déjà Pamphile. Elle tenta malgré tout, pleine d'amour, d'affecter de prendre les choses à la légère : elle refusait que l'idée de la mort s'immisce entre eux. « Je ne peux me retenir de t'écrire la boutade de Moskovine au sujet de ce qui s'est passé : "Notre première actrice s'est déshonorée : un enfant d'un tel homme, et elle n'a pas su le garder." »

Ils s'aimaient avec plus de douceur, mais même alors, leur passion pour le théâtre continua de les brûler. Déjà, pour Anton Tchekhov, elle était la femme qui portait à la lumière, avec un talent éclatant, les héroïnes d'encre et de papier qu'il confectionnait dans la solitude. Mais elle était aussi celle qui vivait cette passion pour lui, non par procuration mais dans une sorte de gémellité lumineuse. Ils passèrent encore un été merveilleux dans la maison de campagne que leur prêta la mère de Stanislavski, non loin de Moscou. Un mois et demi de bonheur ! Tchekhov ne crut pas toute cette joie possible. « Tout m'enchante [...] Et voilà que me tombe dessus, comme une récompense pour le passé, tant de sérénité, de santé, de chaleur, de plaisir que j'en reste pantois. Le temps est beau, la rivière est belle, et dans la maison nous mangeons et nous dormons comme des papes. [...] Ça fait bien longtemps que je n'ai pas passé un tel été. J'attrape du poisson tous les jours et c'est si agréable d'être assis sur la rive, je ne saurais même pas l'exprimer. »

Ils se séparèrent de nouveau, et en furent plus tristes que jamais. Olga restait malheureuse de sa fausse couche, et lui, de son côté, n'envisageait plus de rester si longtemps séparé d'elle. Il la consola du mieux qu'il put. Il lui jura qu'il resterait un an entier avec elle, et, lui promit-il, « il te naîtra un petit garçon qui cassera la vaisselle et tirera ton basset par la queue, et toi tu le regarderas et te réjouiras ». En vérité, il se sentait de moins en moins bien. Il s'ennuyait désormais tout seul et ce fut lui qui commença de réclamer sa présence, surtout l'hiver, quand il lui était impossible de s'exposer aux rigueurs climatiques de Moscou. Son moral fléchit et à Yalta aussi le vent pouvait être féroce. Il l'écoutait siffler en tempête et cela l'épuisait. Il se mit à écrire *La Cerisaie*, atteint de violentes migraines, et conclut ses lettres à Olga par : « Ma brave fille, ma colombe, ma joie, mon petit chien, porte-toi bien et sois gaie, Dieu soit avec toi. Ne t'inquiète pas pour moi, je suis en bonne santé et rassasié. »

Mais Olga savait qu'Anton n'était pas en bonne santé et, paradoxalement, ce fut une raison de plus pour ne pas le rejoindre. Elle ne pouvait pas tout abandonner pour filer à Yalta ou ailleurs, et rester à son chevet. Elle se souvenait de la situation dans laquelle le décès de son propre père, Leonard Knipper, avait entraîné toute sa famille – la maison et le mobilier vendus en toute hâte, le congé des domestiques, le déclassement social. Mais ce qui la retenait de courir vers lui, c'était bien cette « passion dévorante » qu'était le théâtre. Et en restant à ses côtés comme il le réclamait, ne l'aurait-elle pas privé de cet écho puissant qui le maintenait dans la vie ? Ne lui demandait-il pas, dans toutes ses lettres, qu'elle lui raconte les créations, les générales, les répétitions, les mises en scène ? La vie comme il l'aimait et non pas celle des villégiatures pour les phtisiques ou les amours chlorotiques qu'il redoutait tant, la vraie vie, celle des premières et des générales, des répétitions, des coups de gueule avec Stanislavski…

De son côté, avec le même détachement mâtiné d'humour, voire d'une légère dérision, il lui faisait part de son quotidien, d'où se dégageait une chape d'ennui que nul n'aurait pu soulever, hormis Olga si elle consentait à le rejoindre. Cet homme qui avait soigné, écrit l'un des plus poignants témoignages du bagne de l'île de Sakhaline, qui s'était toujours partagé entre les dispensaires et le foyer des théâtres, était désormais réduit à l'inaction et circonscrit à Yalta, ou aux sanatoriums. Dans son courrier à Olga, il essayait de la faire rire de tout, de l'énormité de la compresse, bien incommode, qu'il dut porter pendant quelques jours, de l'absence désespérante à Yalta de crème et parce qu'il ne pouvait pas beurrer ses blinis. Les médecins lui recommandaient de manger beaucoup, mais avait-on beaucoup d'appétit tout seul, face à une chaise vide ?

Avec ses lettres, Olga tentait d'installer une présence. Elle bavardait avec Anton comme si elle eût été là. Voyait-il du monde malgré tout ? Oui, et même, certains jours, beaucoup trop à sa convenance et il s'en étonna lui-même. Ce qu'il avait tant aimé auparavant, ces flots d'amis, les repas chaleureux, les retrouvailles autour du samovar, tout cela le fatiguait maintenant. Il contemplait le paysage de son jardin et n'y trouvait que prétexte à sa mélancolie. Contigu au mur du jardin s'étendait un antique cimetière tartare, toujours vert, silencieux et désert, avec les pierres moussues de ses tombes abandonnées. Les oiseaux pépiaient dans les branches des vieux acacias. Tchekhov aimait à les écouter, tôt le matin, quand tout dormait encore et qu'assis près de la fenêtre de son bureau, il voyait les jardins en pente descendre vers la mer, et la mer elle-même, cernée par des maisons blanches s'étageant en gradins. À gauche, à droite et derrière la maison, se dressaient les montagnes. Et, au-dessus d'elles, un ciel toujours sans nuages.

Le soir, dans son bureau, ouvert sur la nuit étoilée, le silence n'était rompu que par le tic-tac de l'horloge, le grattement d'une souris ou les soupirs de Bromure, sa petite chienne. Mais cette solitude, ce silence qu'il avait défendus si obstinément jusque-là lui pesaient maintenant. Olga lui manquait. Il plongeait dans un état d'accablement indicible, et ses lettres se firent de plus en plus courtes, avares en détails intimes.

Olga s'en inquiéta. Elle lui demanda de lui donner davantage de précisions sur sa vie. Écrivait-il ? Se promenait-il ? Il lui raconta les personnalités célèbres qui lui rendaient visite. Ou les silhouettes plus anonymes qu'il croisait pendant ses promenades. Ses rares plaintes finirent par s'éteindre. À quoi bon ? Il désirait ne parler que de ce qui les rapprochait, non pas de ce qui les séparait – ils ne l'étaient que trop, et depuis trop longtemps. Ils n'évoquèrent presque que sa carrière à elle et ses pièces à lui. Mais dans son journal, il se montrait beaucoup plus honnête sur ses sentiments profonds : « Souffre et tais-toi... Quoi que l'on dise, quoi qu'il puisse te sembler, tais-toi et tais-toi. »

*

Elle lui écrivit beaucoup. Presque chaque jour, une lettre parfumée et portant le timbre de Moscou se trouvait dans la pile de lettres et de journaux qu'il recevait de toute la Russie. Les lettres restaient là, à portée de sa main, mais il n'avait pas envie de les relire. C'était d'une présence réelle qu'il avait besoin, c'était d'entendre une voix chaleureuse, un rire éclatant, de sentir autour de lui le mouvement et la vie, cette vie ardente qu'il aimait tant chez elle et qu'il sentait fuir de son corps et l'abandonner inexorablement, quinte de toux après quinte de toux, hémorragie après hémorragie. Et pourtant, il n'osa pas exiger d'elle qu'elle quitte tout pour rester à son chevet. Mais elle connaissait si bien son Antonio ! Comment ne pas deviner son sentiment d'abandon, lui qui signait désormais « Ton mari » ?

Un jour de janvier 1903, prise d'un remords terrible, elle lui écrivit pendant toute la nuit, incapable de dormir, en larmes. Elle lui dit qu'elle avait honte de s'appeler « sa femme » alors qu'il était « seul, triste et plongé dans un ennui abyssal ». Il lui répondit aussitôt, avec une immense douceur : « Toi, ma chérie, tu écris que ta conscience te tourmente du fait que tu vives à Moscou et non pas avec moi à Yalta. Mais pourquoi, ma chérie ? Réfléchis un peu, si tu passais l'hiver à Yalta avec moi, ta vie serait gâchée et moi j'aurais des remords et ce serait à peine mieux. » Pourtant, elle ne put éteindre sa mauvaise conscience : « Je suis dans un horrible état. Je me sens affreusement mal vis-à-vis de toi. Quelle épouse est-ce que je fais ? »

Ils restèrent ainsi séparés presque toute l'année 1903, hormis l'été, toujours délicieux et qu'ils vivaient chaque fois comme un voyage de noces. Tchekhov, quand elle repartit, eut l'humeur plus sombre que jamais. Il était pessimiste, l'envie d'écrire le désertait et il doutait de sa dernière œuvre, *La Cerisaie*. Le 24 septembre, il était si déprimé qu'Olga lui composa une lettre magnifique pour lui dire tout le bien que son théâtre et toute son écriture produisaient sur les spectateurs et sur ses lecteurs. « Ma colombe, mon homme en or, le supplia-t-elle, écris et aime chacun de tes mots, chaque pensée, chaque âme que tu élèves et sache que tout cela est *indispensable* pour les gens. Il n'existe nulle part au monde un écrivain comme toi, ne te replie donc pas, ne te retire pas en toi-même. On attend tes pièces comme de la manne céleste. »

Le dernier acte de *La Cerisaie* fut enfin terminé au début de 1904. Anton glissait des petites phrases dans ses lettres, au passage, pour dire son malaise : « Je m'habitue à Yalta, c'est à la robe de chambre que je ne peux pas m'habituer. Pendant qu'il faisait beau, il semblait que tout allait bien, mais maintenant je vois – ça ne va pas du tout. »

Au début de 1904, plus tendre que jamais, et quoique très malade et affaibli par deux crises cardiaques, il décida de faire une apparition à Moscou pour assister à la première représentation de *La Cerisaie*. Le public ne s'attendait pas à le voir sur scène avec la troupe au moment des ovations finales, et cette apparition provoqua un tonnerre d'applaudissements. Toute l'intelligentsia moscovite était là. Il y eut d'interminables discours. Tchekhov apparut si épuisé, sa faiblesse était si visible, qu'on entendit crier dans la salle : « Asseyez-vous ! Asseyez-vous ! »

Il revint dans la ville le 3 mai, pour partir avec Olga en Allemagne, suivre la cure que lui avait prescrite le médecin. Olga avait décidé de mettre le théâtre entre parenthèses, le temps de guérir son mari. Ils s'installèrent dans la ville thermale de Badenweiler, en Forêt-Noire, où elle le vit s'éteindre jour après jour. Elle passait désormais ses journées à arranger sa couverture sur ses genoux, à lui faire la lecture, à pousser sa chaise pour suivre la courbe du soleil. Mais rien ne contrariait la maladie. Olga avait l'impression d'entendre le mal se répandre dans ses poumons. Ses quintes de toux le laissaient exsangue, et il fallait des piles de compresses pour retenir le sang qu'il crachait.

Elle lui tenait la main. Il souriait. Elle lui donnait des nouvelles de ses pièces qui se jouaient dans toute l'Europe. *La Cerisaie* remportait un beau succès. Le 15 juillet, il se sentit mieux, presque dispos. Il lui demanda une coupe de champagne et elle fit porter une bouteille dans sa chambre. Les fenêtres étaient ouvertes sur les sapins noirs du parc, les parterres de fleurs, les allées bien dessinées auxquelles il reprochait une grande absence de fantaisie, et de naturel. Il but sa coupe, puis il lui sourit et lui dit soudain, l'air un peu étonné : « Je meurs », et il rendit son dernier souffle.

Le XXe siècle va apporter à l'ancien Empire russe des tourments et des tragédies sans nom, des morts par dizaines de millions, mais pourtant…

Pourtant, les grandes amours ne meurent jamais : nous les gardons toujours dans notre cœur, telle « la volupté des neiges » de la Russie immémoriale.

Comme l'a écrit la grande poétesse Anna Akhmatova dans « Première chanson » :

Toujours on nommera cela
Immortel amour.

Table

DU MÊME AUTEUR

Histoire de la diplomatie française, Académie diplomatique, 1985.

Histoire secrète d'un coup d'État, avec Ulysse Gosset, Lattès, 1991.

Les Égéries russes, avec Gonzague Saint Bris, Lattès, 1994.

Les Égéries romantiques, Lattès, 1995.

Le Département du diable, Plon, 1996.

Les Deux Sœurs ou l'Art d'aimer, Lattès, 1997, 2004 (prix des Romancières).

Le Triangle russe, Plon, 1999.

Les Tsarines, les femmes qui ont fait la Russie, Éditions du Rocher 2000.

De Raspoutine à Poutine, les hommes de l'ombre, Perrin, 2001 (prix d'Étretat).

Le Retour de la Russie, avec Michel Gurfinkiel, Odile Jacob, 2001.

L'Histoire secrète des Ballets russes, Éditions du Rocher, 2002 (prix des écrivains francophones d'Amérique).

La Guerre froide, Mémorial de Caen, 2002.

Les Tsarines, Éditions du Rocher, 2002.

La Fin de l'URSS, Mémorial de Caen, 2002.

Le Roman de Saint-Pétersbourg, Éditions du Rocher, 2003 (prix de l'Europe).

Le Roman du Kremlin, Éditions du Rocher-Mémorial de Caen, 2004 (prix Louis Pauwels).

Diaghilev et Monaco, Éditions du Rocher, 2004.

Le Roman de la Russie insolite : du Transsibérien à la Volga, Éditions du Rocher 2004.

Paris – Saint-Pétersbourg : la grande histoire d'amour, Presses de la Renaissance, 2005.

Le Roman de l'Orient Express, Éditions du Rocher, 2006 (prix d'histoire André-Castelot).

Le Fantôme de Staline, Éditions du Rocher, 2007.

Les Amours de la Grande Catherine, Éditions Alphée – Jean-Paul Bertrand, 2008.

Le Roman de l'âme slave, Éditions du Rocher, 2009.

Napoléon et Alexandre, Éditions Alphée, 2009.

Les Romans de la Russie éternelle, Éditions du Rocher, 2009.

Le Roman de Tolstoï, Éditions du Rocher, 2010.

Le Roman de l'espionnage, Éditions du Rocher, 2011.

Le Roman de Raspoutine, Éditions du Rocher, 2011 (Grand prix Palatine du roman historique).

Le Roman du siècle rouge (avec Alexandre Adler), Éditions du Rocher, 2012.

L'islamisme va-t-il gagner : le roman du siècle vert (avec Alexandre Adler), éditions du Rocher, 2012.

La Magie de Saint-Pétersbourg, Éditions du Rocher, 2012.

Le Roman des tsars, Éditions du Rocher, 2013.

Le Roman de la perestroïka, Éditions du Rocher, 2013.

Le Roman des espionnes, Éditions du Rocher, 2014.

Poutine, l'itinéraire secret, Éditions du Rocher, 2014.

La Magie de Moscou, Éditions du Rocher, octobre 2014.

Composition : IGS-CP
Impression : CPI Bussière en avril 2015
Éditions Albin Michel
22, rue Huyghens, 75014 Paris
www.albin-michel.fr
ISBN : 978-2-226-31653-0
N° d'édition : 21671/01 – N° d'impression : 2014829
Dépôt légal : mai 2015
Imprimé en France